Math in Focus®

Singapore Math®
by Marshall Cavendish
en español

Práctica adicional y tarea

Consultor del programa
Dr. Fong Ho Kheong

Autores
Sophie Shieh

Grado
KA

marshall cavendish education

Distribuidor en Estados Unidos
Houghton Mifflin Harcourt.
The Learning Company™

Published by Marshall Cavendish Education
Times Centre, 1 New Industrial Road, Singapore 536196
Customer Service Hotline: (65) 6213 9688
US Office Tel: (1-914) 332 8888 | Fax: (1-914) 332 8882
E-mail: cs@mceducation.com
Website: www.mceducation.com

Distributed by
Houghton Mifflin Harcourt
125 High Street
Boston, MA 02110
Tel: 617-351-5000
Website: www.hmhco.com/programs/math-in-focus

First published 2020

ISBN 978-0-358-30985-7

Printed in Singapore

2 3 4 5 6 7 8 1401 27 26 25 24 23
4500862128 B C D E F

La imagen de portada muestra un conejo de orejas caídas.
En lo salvaje, los conejos salen de noche para comer pasto. La oscuridad los mantiene a salvo.
A los conejos les gusta masticar cosas duras como ramas, corteza y zanahorias; esto se debe a que sus dientes ¡nunca dejan de crecer! Mastican para mantener sus dientes cortos.

Contenido

Prefacio

Esto es lo que harás en **Math in Focus®** ***Práctica adicional y tarea***.

- Practicar lo que aprendes en las **Actividades**.
- Comunicar tus razonamientos en el **DIARIO DE MATEMÁTICAS**.
- Esforzarte para resolver los problemas de **¡DESAFÍA TU MENTE!**

CONEXIONES DE LA ESCUELA A LA CASA
Capítulo 3 Medición
Estimada familia:
Práctica de matemáticas
Actividad 1
Actividad 2
Conversemos

Lleva a casa la carta de **CONEXIONES DE LA ESCUELA A LA CASA** que viene al comienzo de cada capítulo. Las cartas le dicen a tu familia lo que estás aprendiendo en la escuela. Tienen algunas actividades y tu familia puede hacerlas contigo para ayudarte a que aprendas todavía más.

CONEXIONES DE LA

ESCUELA A LA CASA

Capítulo 1

Números hasta el 5

Estimada familia:

En este capítulo, su hijo trabajará con los números hasta el 5. Las habilidades que practicará son las siguientes:

- contar, leer y escribir los números del 0 al 5
- ordenar números hasta el 5

Práctica matemática

Al terminar el capítulo, realice con su hijo estas actividades, que le servirán para reforzar su comprensión de los números hasta el 5.

Actividad 1

- Reúna 15 objetos idénticos, como bloques, botones o caracoles.
- Use tarjetas con números, o escriba 0, 1, 2, 3, 4 y 5 en tarjetas individuales.
- Invite a su hijo a seleccionar una tarjeta y pídale que diga el número en la tarjeta. A continuación, pídale que seleccione el número de objetos correspondiente.
- Repitan varias veces la actividad.

Actividad 2

- Reúna 6 platos de papel, 6 pinzas para ropa y 15 objetos idénticos, como frijoles deshidratados.
- Escriba cada uno de los números 0, 1, 2, 3, 4 y 5, en cada una de las 6 pinzas para ropa.
- Pida a su hijo que cierre los ojos mientras coloca los objetos en los platos. Coloque de 1 a 5 objetos en cada plato. Coloque los platos en desorden.
- Diga a su hijo que abra los ojos y coloque las pinzas para ropa en los platos que tengan el número de objetos que correspondan al número.

Actividad 3

- Juegue *Yo veo* en el interior de la casa o al aire libre. Yo veo 1 de algo, luego Yo veo 2 de algo, y continúe hasta el 5 de algo. Desafíe a su hijo a identificar lo que ve. Luego, deje que su hijo guíe la siguiente ronda.

Charla de matemáticas

Reúna 5 objetos idénticos, como bloques, botones o palitos planos. Coloque 1 objeto sobre la mesa y pida a su hijo que lo **cuente** y luego diga el **número**. Repita la actividad usando hasta 5 objetos. Juegue más de una vez, primero poniendo los objetos en fila y luego esparciéndolos.

Nombre: ______________________ Fecha: ____________

Capítulo 1

Práctica adicional y tarea
Números hasta el 5

Actividad 1 Todo acerca del 1 y del 2

Empareja.

1

 • • 

 • • 

Cuenta.
Dibuja ◯ para mostrar cómo cuentas.

2

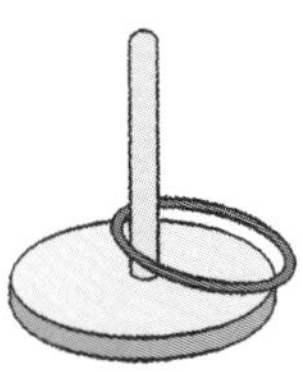

3

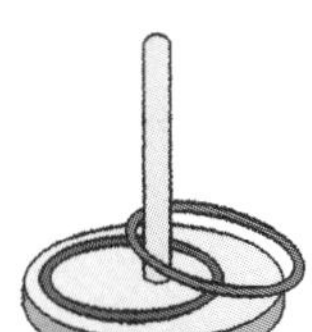

Cuenta.
Colorea para mostrar cuántos son.

Ejemplo

4

Cuenta y empareja.

5

• • 1

• • 2

Traza.
Escribe cada número.

6 

7 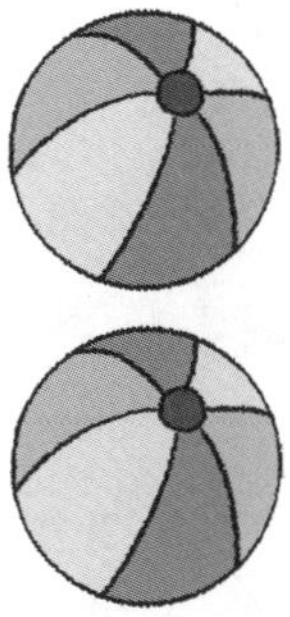

Cuenta y empareja.

8  • • uno

 • • dos

Encierra en un círculo grupos de 2.

9

Nombre: ______________________________ Fecha: ______________

Capítulo 1

Práctica adicional y tarea
Números hasta el 5

Actividad 2 Todo acerca del 3 y del 4

Empareja.

1

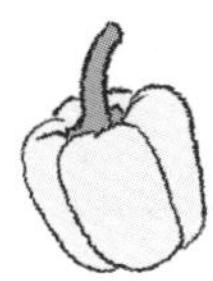 • • 

 • • 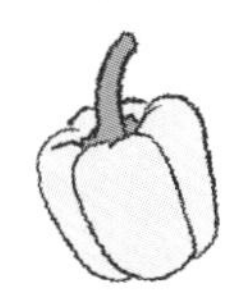

 • • 

 • • 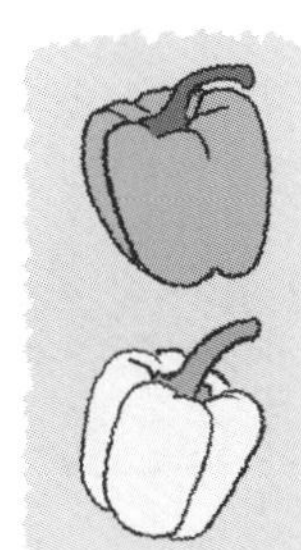

Cuenta.
Colorea para mostrar cuántos son.

Ejemplo

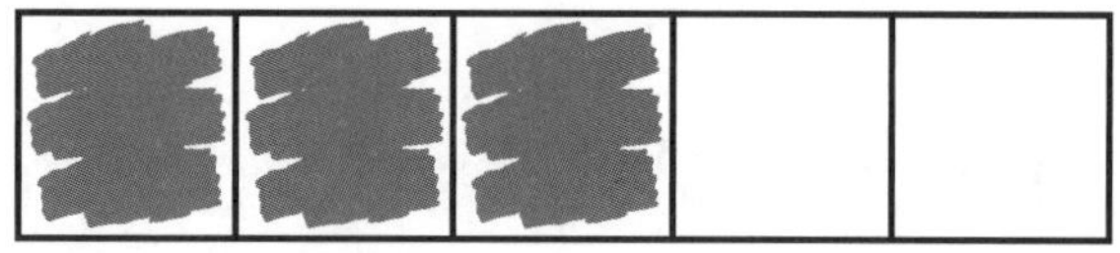

2

3

Cuenta.
Colorea cada recuadro con el número correcto.

4

2	3	4

5

3	2	1

Traza.
Escribe cada número.

6

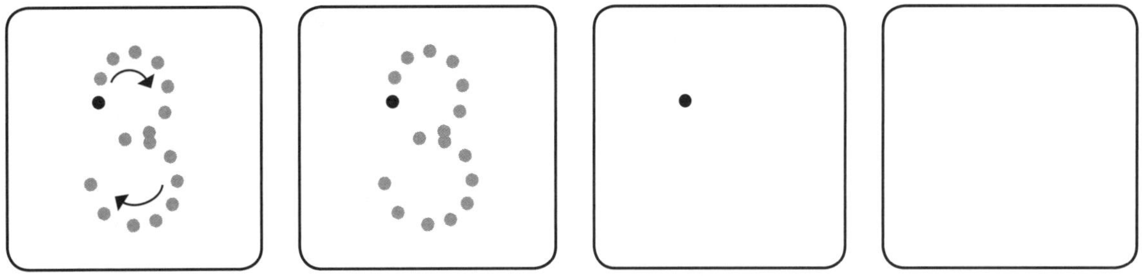

7

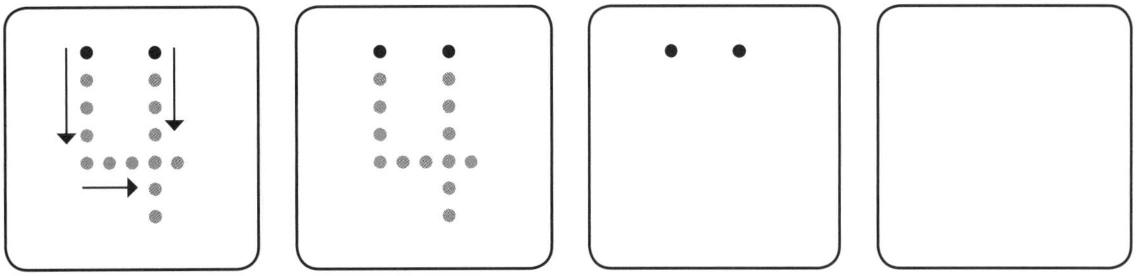

Cuenta y empareja.

8

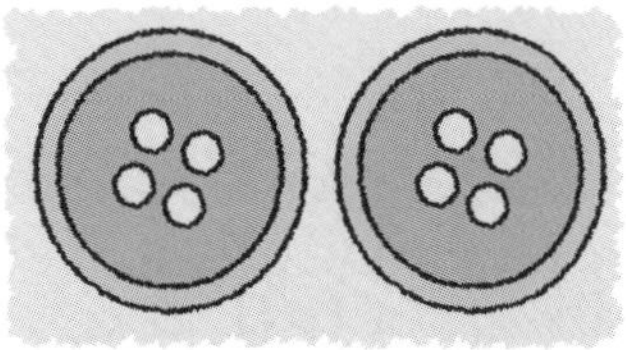

3
tres

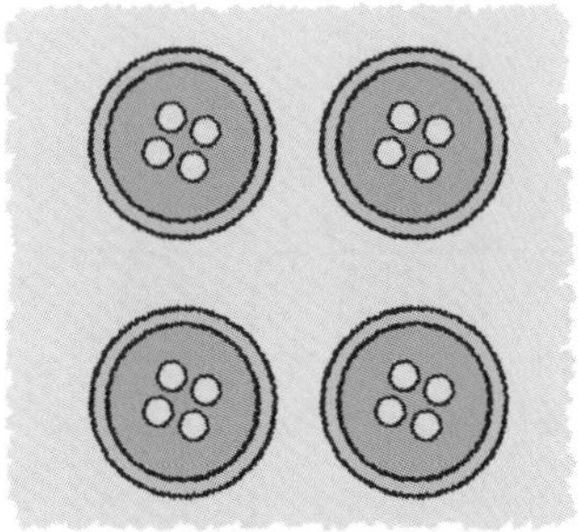

1
uno

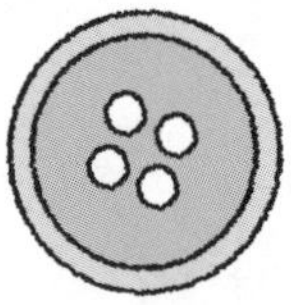

2
dos

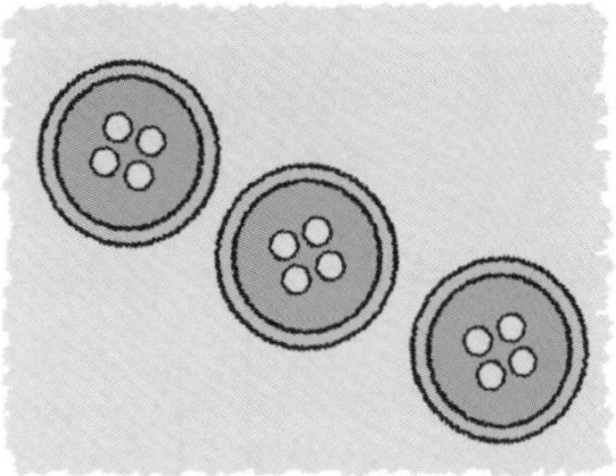

4
cuatro

Colorea cuatro  **de azul.**

Colorea tres  **de anaranjado.**

9

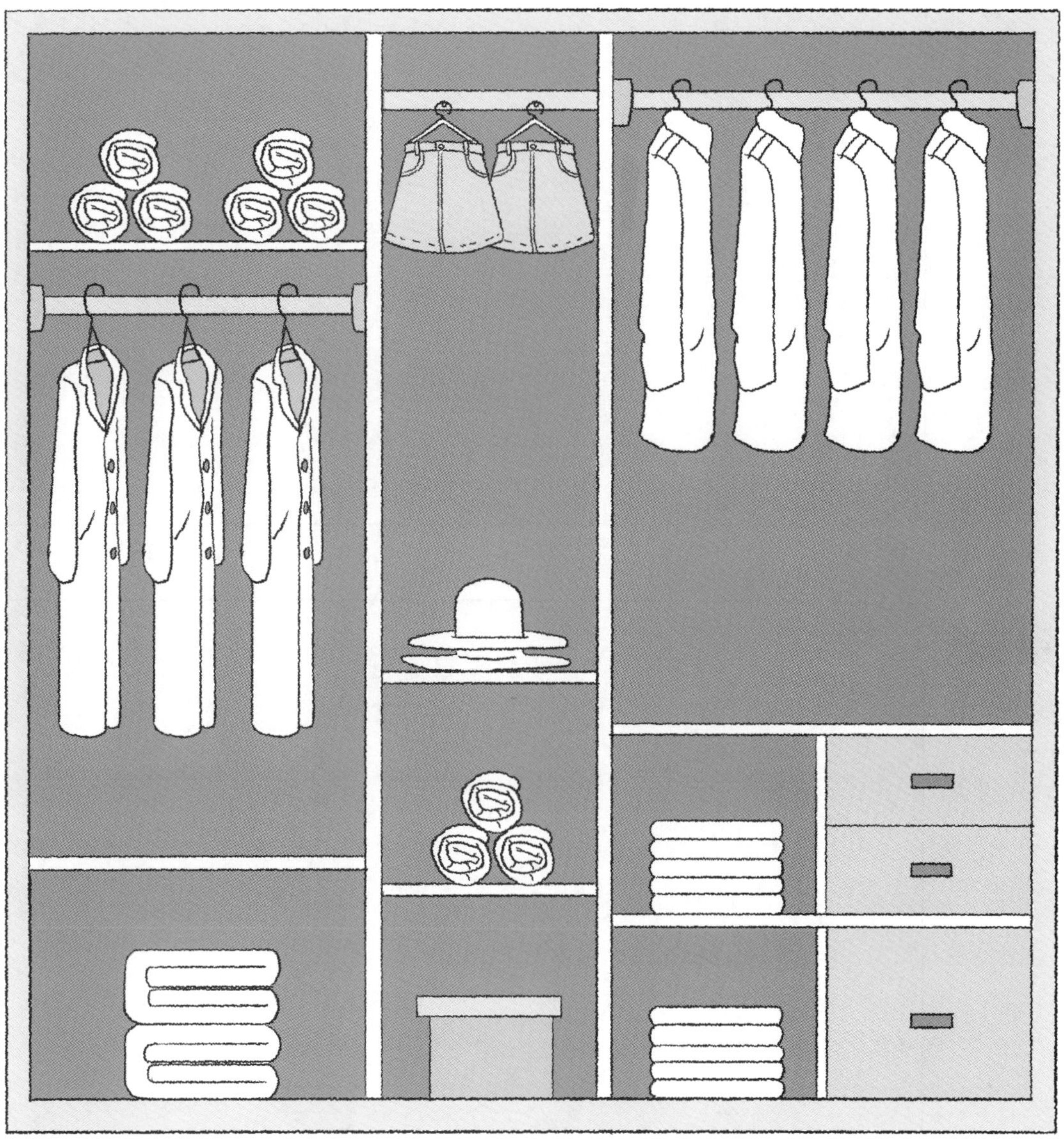

Dibuja.

10

3 ●

11

4 ▲

Nombre: ______________________________ Fecha: ______________

Capítulo 1

Práctica adicional y tarea
Números hasta el 5

Actividad 3 Todo acerca del 5

Encierra en un círculo el grupo que muestre 5.

1

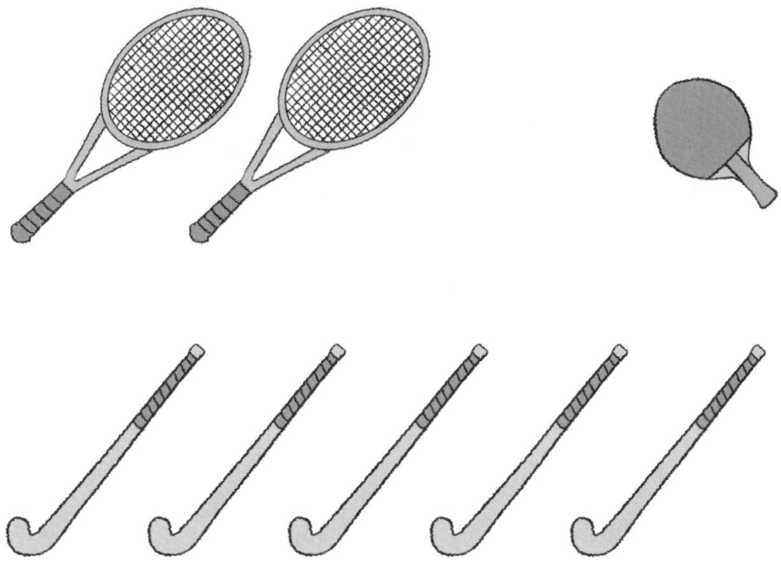

2

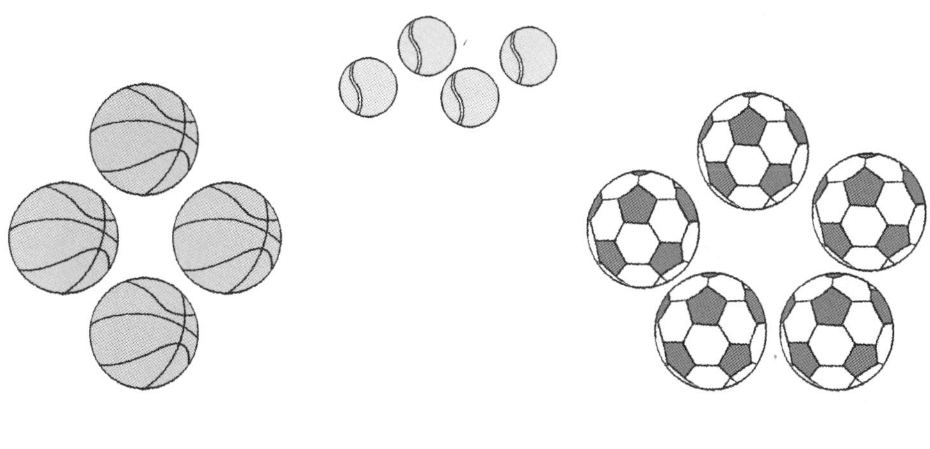

Traza.
Escribe el número.

3

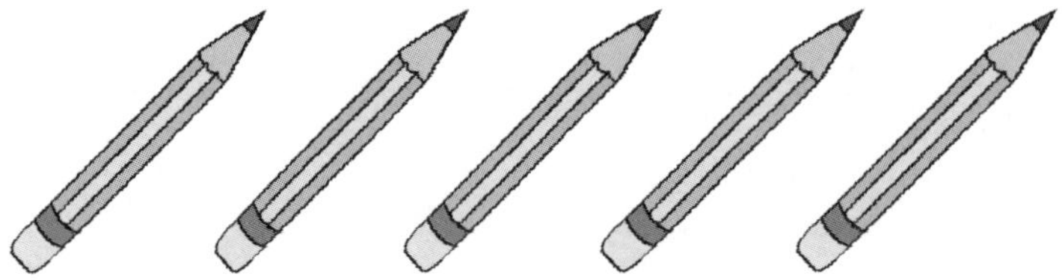

5 5

Cuenta.
Escribe el número.

4

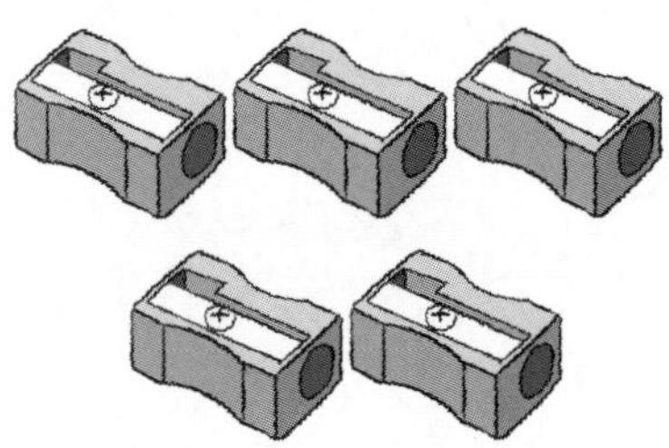

5

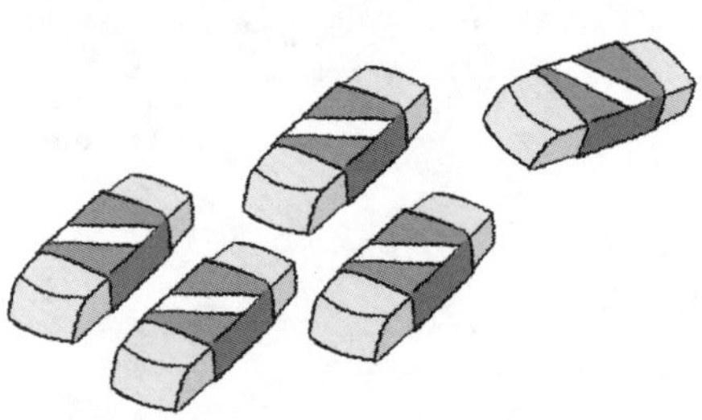

Traza y colorea 5 ◯.

6

Un y cinco nadan en el estanque.
Recorta los y pegalos abajo.

7

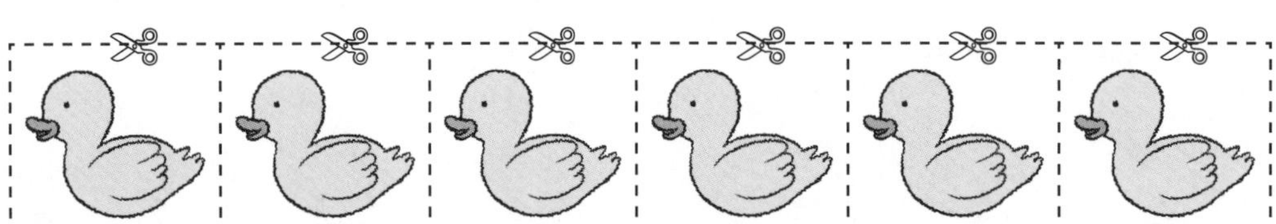

Dibuja para mostrar cinco .

8

Encuentra los cuatro tipos de animales en la ilustración.
Cuenta cada tipo de animal.
Escribe cada número.

9

Nombre: ____________________ Fecha: ____________

Capítulo 1

Práctica adicional y tarea
Números hasta el 5

Actividad 4 Todo acerca del 0

Empareja.

1

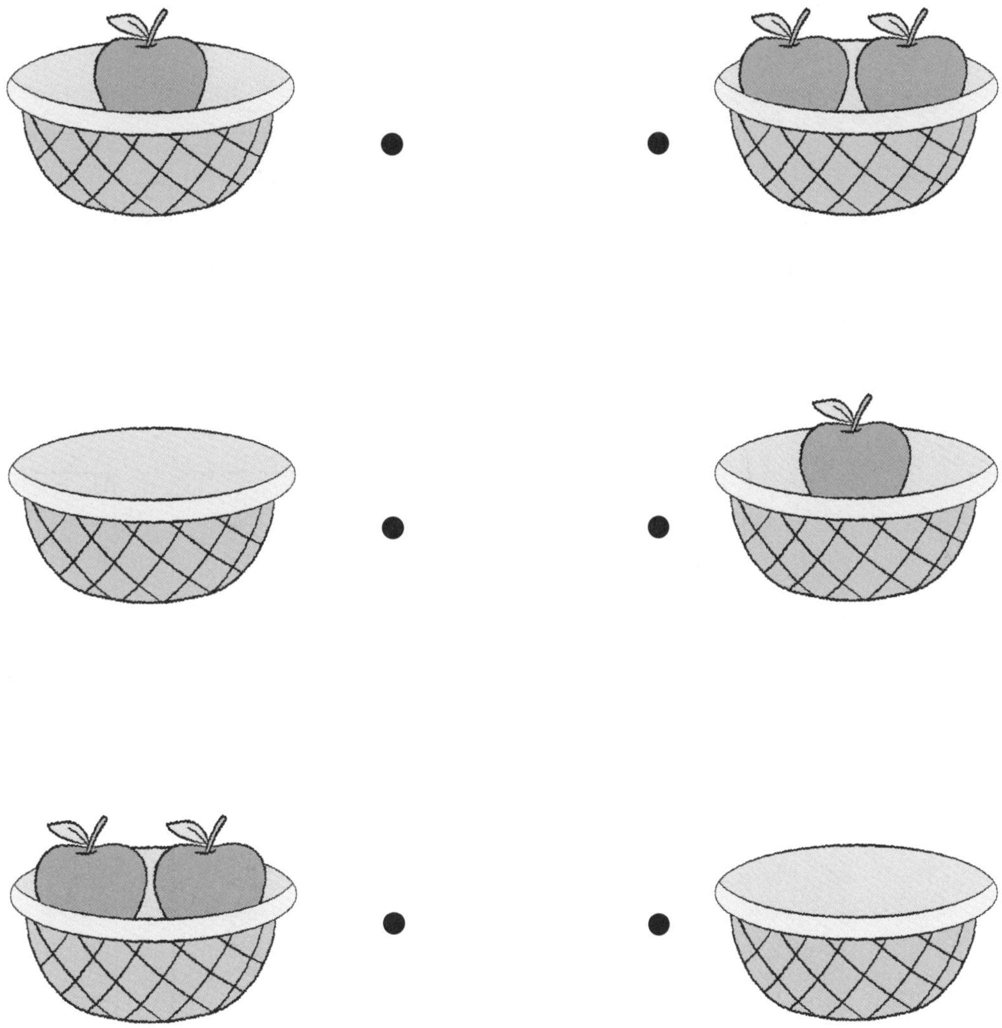

Traza.
Escribe cada número.

2

Emparejа.

3

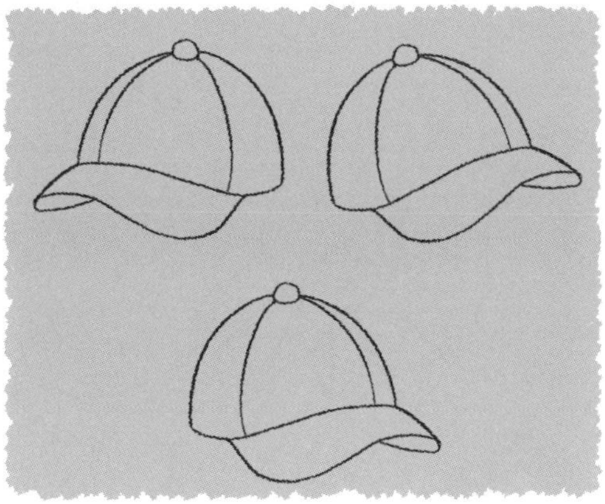

1 uno

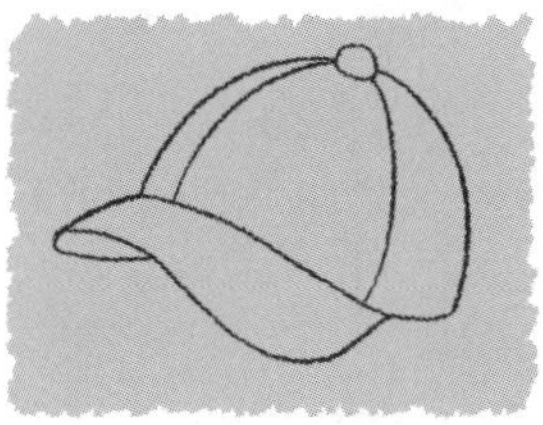

0 cero

3 tres

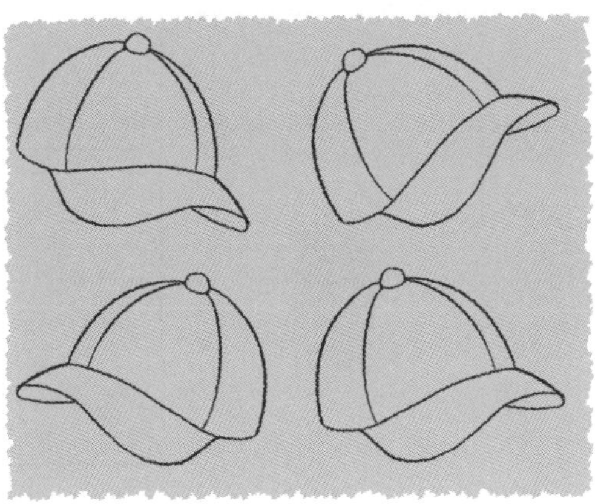

2 dos

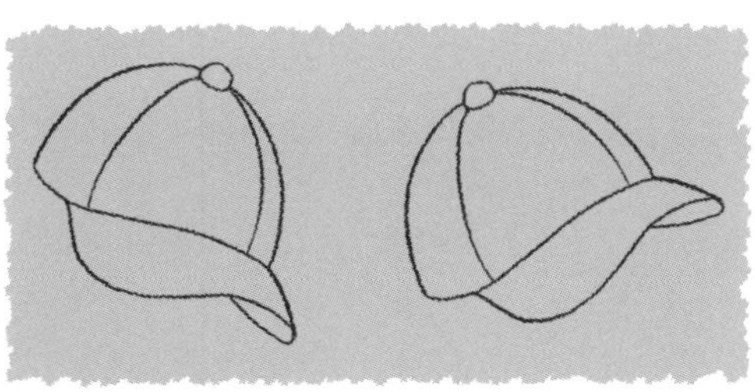

4 cuatro

Cuenta.
Escribe cada número.

4

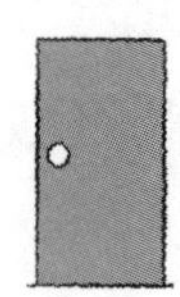

Nombre: ______________________ Fecha: ____________

Capítulo 1

Práctica adicional y tarea
Números hasta el 5

Actividad 5 Ordenar los números hasta el 5

Escribe los números que faltan.

1. 1 ☆ 3

2. 2 ☆ 4

3. 3 ☆ 5

4. 4 ☆ 2

Escribe los números que faltan.

5

6

7

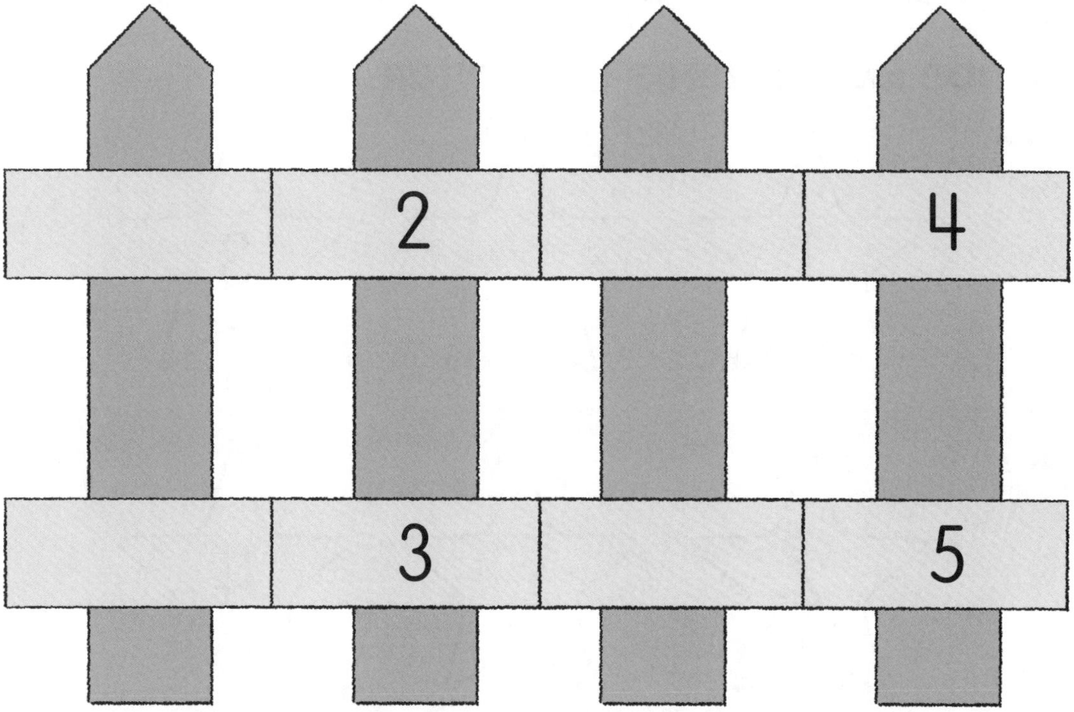

8

Escribe los números que faltan.

9

10

Escribe los números que faltan.

5

3

1

Nombre: ____________________ Fecha: ____________

1

Hábito para matemáticas 6 Usar lenguaje matemático preciso

Usa ◯ para contar un cuento acerca de los números hasta el 5.

Cuenta tu cuento a tu compañero.

DIARIO DE MATEMÁTICAS

2 **Hábito para matemáticas 6** **Usar lenguaje matemático preciso**

Observa los números.

1

0 4 3

2 5

Encierra en un círculo el número que más te guste.
Comenta con tu compañero.

1

Hábito para matemáticas 4 **Usar modelos matemáticos**

Carla dibuja 5 en la tarjeta de abajo.

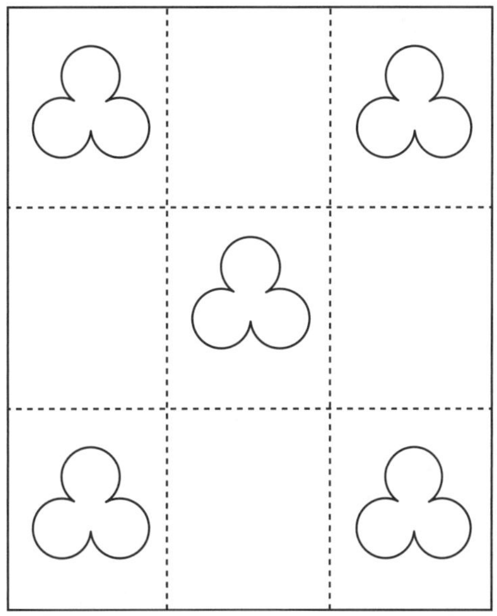

¿De qué otras maneras se puede representar el 5? Dibuja y coloréalos.

Manera 1

Manera 2

2 **Hábito para matemáticas 1** **Perseverar en la resolución de problemas**

¿Qué nido tiene 5 huevos?
Coloréalo.

Capítulo 2

CONEXIONES DE LA ESCUELA A LA CASA

Números hasta el 10

Estimada familia:

En este capítulo, su hijo aprenderá a trabajar con números hasta el 10. Las habilidades que practicará son las siguientes:

- contar, leer y escribir números del 6 al 10
- ordenar números hasta el 10
- formar pares de números hasta el 10
- usar números ordinales para decir el orden

Práctica matemática

Al terminar el capítulo, realice estas actividades, que le servirán para reforzar su comprensión de los números hasta el 10.

Actividad 1

- Reúna 40 objetos idénticos, como frijoles secos o clips y 4 tazas de plástico transparente o platos de papel.
- Escriba los números 5, 6, 7, 8, 9 y 10 en tazas o platos separados.
- Coloque el número correspondiente de objetos en cada taza o plato.
- Cuente en voz alta mientras trabaja.
- Vacíe las tazas o los platos antes de que su hijo dirija la siguiente ronda.

Charla de matemáticas

Reúna 10 objetos idénticos, como bloques o botones. Coloque 6 objetos sobre la mesa y pida a su hijo que los **cuente** y luego diga los **números**. Repita la actividad usando hasta 10 objetos. Juegue más de una vez, primero poniendo los objetos en fila y luego esparciéndolos.

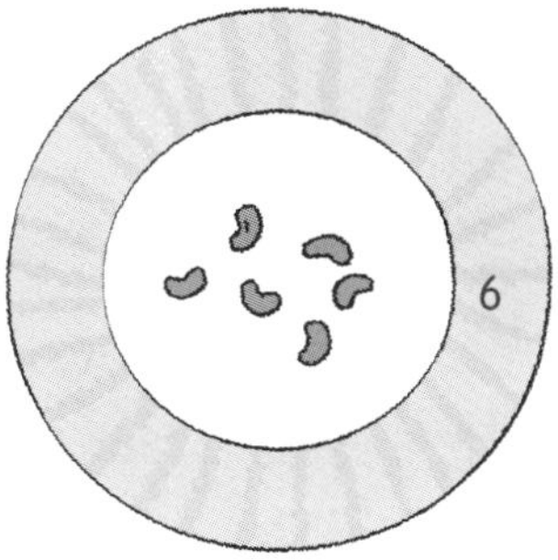

Actividad 2

- Use tiza para dibujar un patrón de rayuela sobre una superficie plana o visite un parque infantil donde ya haya uno. Arroje una guijarro, botón o algún otro objeto y diga los números en voz alta mientras salta sobre ellos. Luego, pida a su hijo que juegue la próxima ronda.

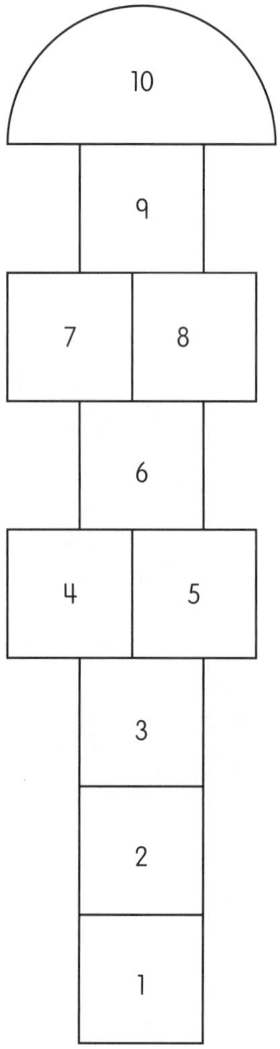

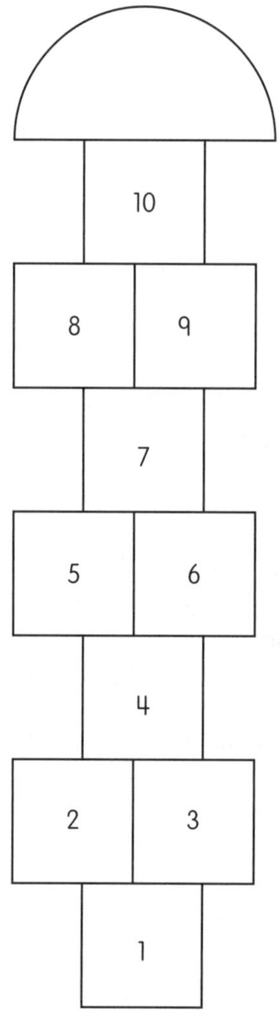

Nombre: ______________________ Fecha: ____________

Capítulo 2

Práctica adicional y tarea
Números hasta el 10

Actividad 1 Todo acerca del 6 y del 7

Empareja.

1

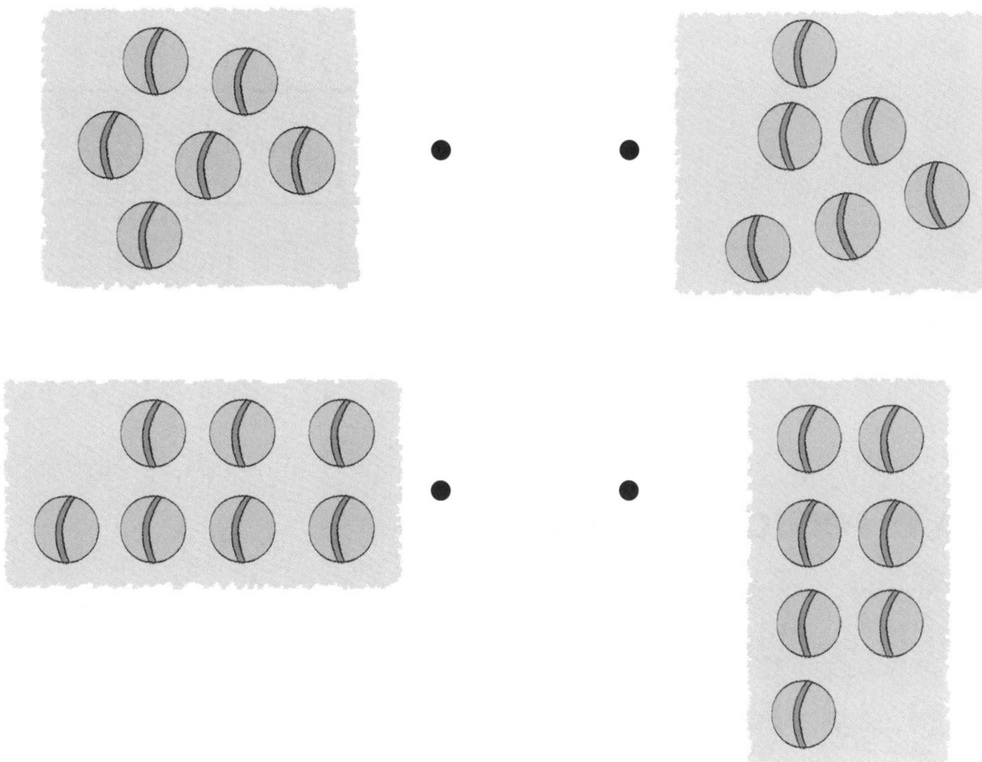

Colorea para mostrar el 6.

2

Cuenta.
Colorea para mostrar cuántos son.

3

Cuenta.
Colorea el recuadro correcto.

4

6
7

Traza.
Escribe cada número.

5

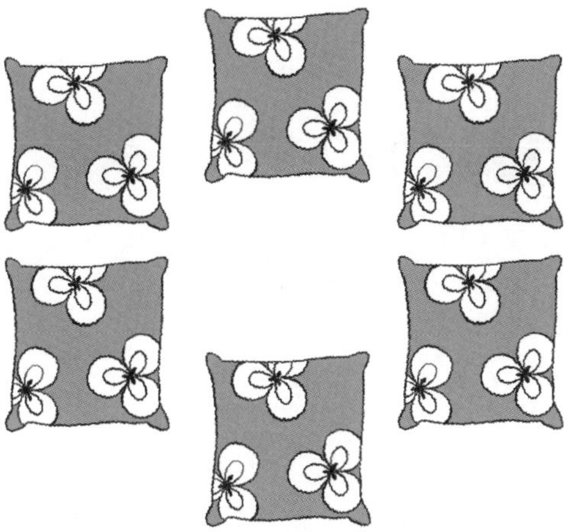

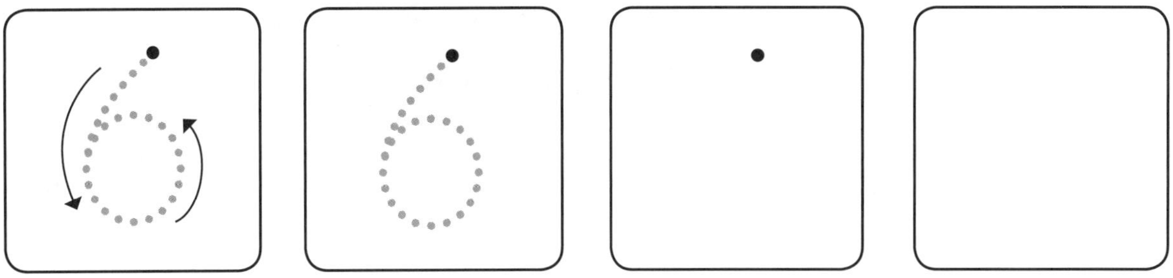

6

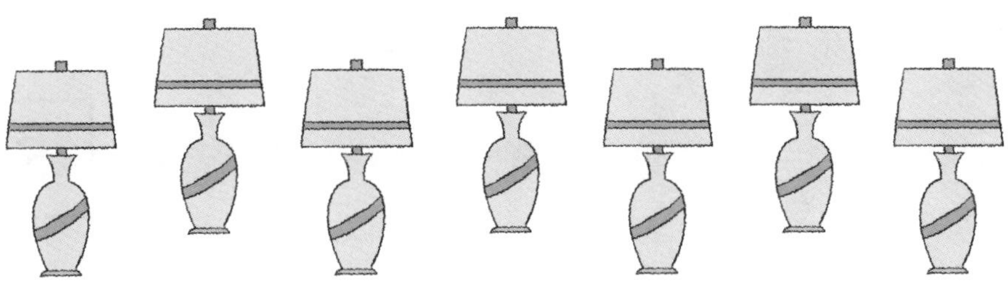

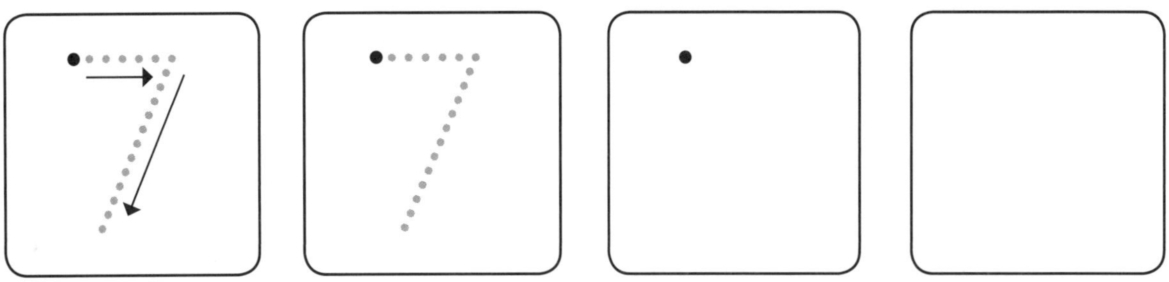

Colorea siete  rojas.

Colorea seis  verdes.

7

Empareja.

8

 • • siete

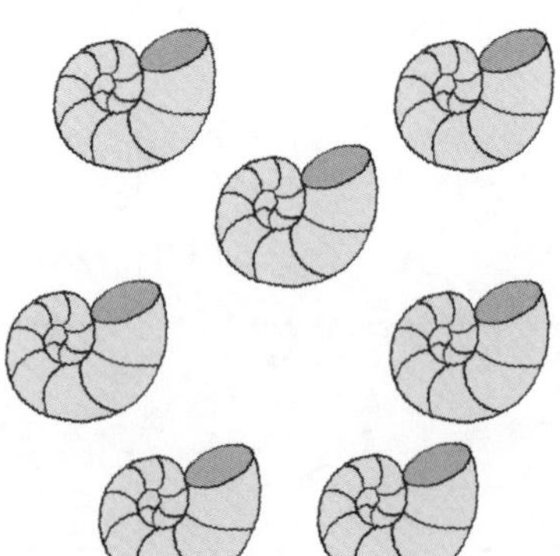 • • seis

Nombre: ____________________ Fecha: __________

Práctica adicional y tarea
Números hasta el 10

Actividad 2 Todo acerca del 8 y del 9

Cuenta.
Colorea para mostrar cuántos son.

1

2

Cuenta.
Colorea para mostrar cuántos son.

3

Cuenta.
Colorea el recuadro con el número correcto.

4

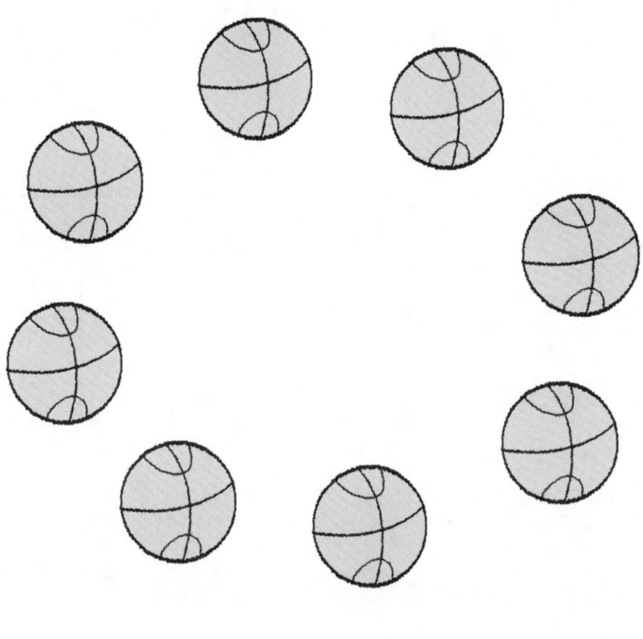

7	8	9

Traza cada número.

5

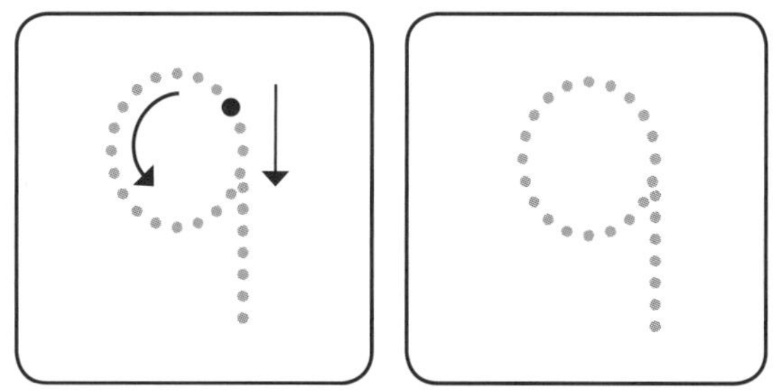

6

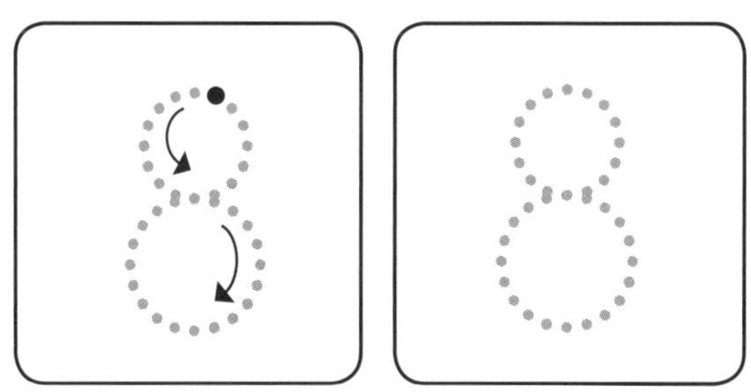

Colorea ocho ♡ rojos.

Colorea nueve ballenas azules.

Muestra 8 ☆ en el bolso.

Recortа las ☆ y pegalas abajo.

8

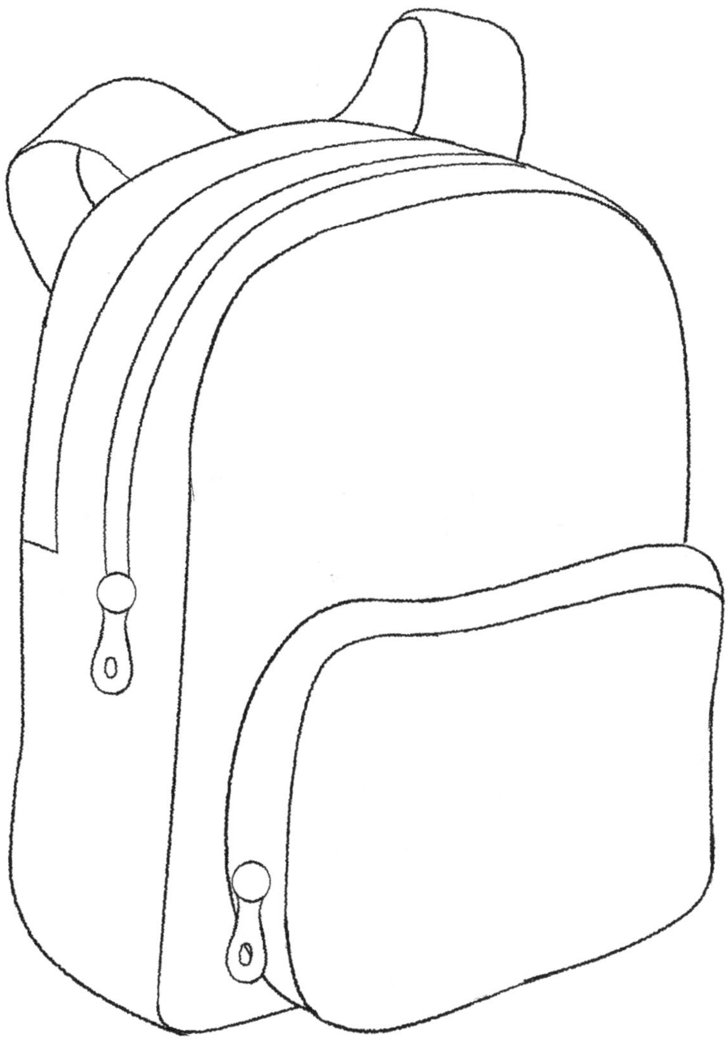

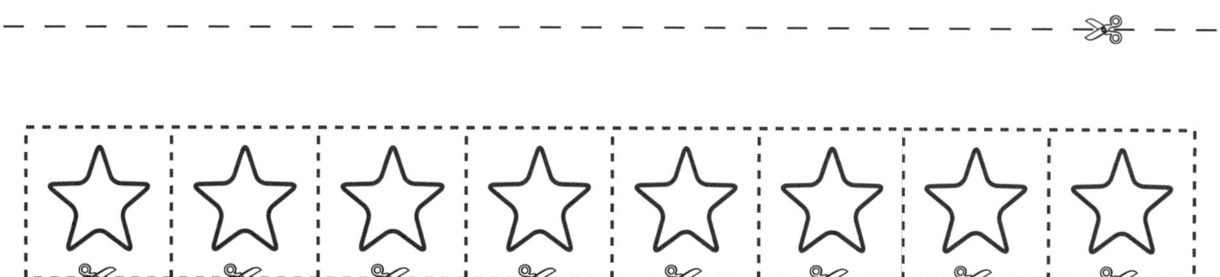

Cuenta y empareja.

9

9
nueve

8
ocho

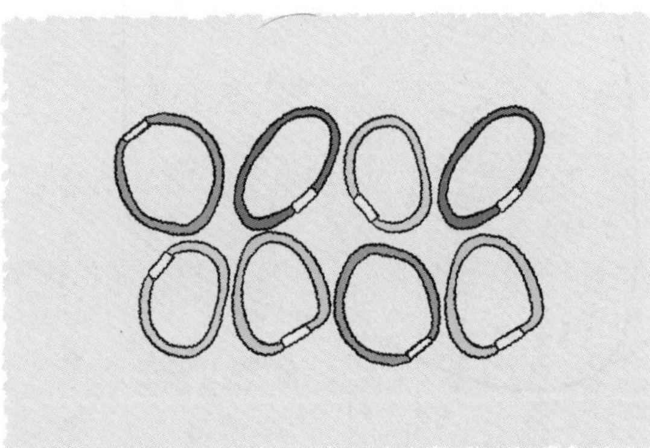

6
seis

Nombre: ______________________ Fecha: ____________

Capítulo 2

Práctica adicional y tarea
Números hasta el 10

Actividad 3 Todo acerca del 10

Cuenta.
Colorea para mostrar cuántos son.

1

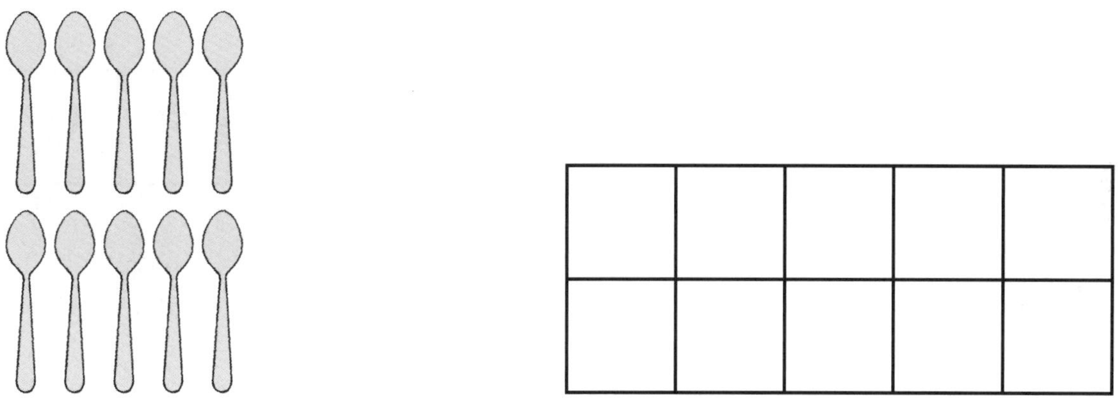

2

Cuenta.
Colorea la casilla con el número correcto.

3

8	9	10

Traza.
Escribe el número.

4

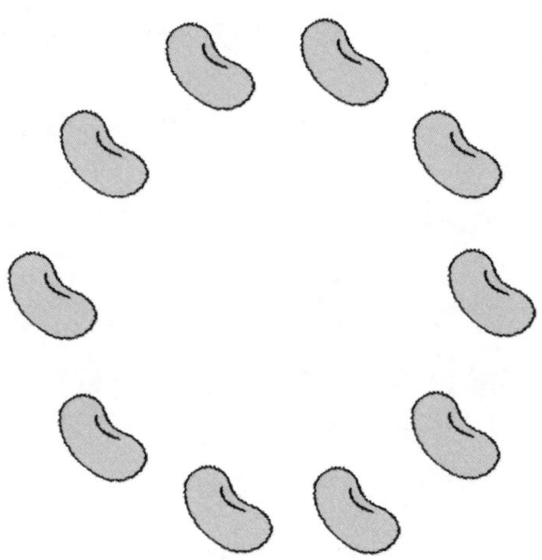

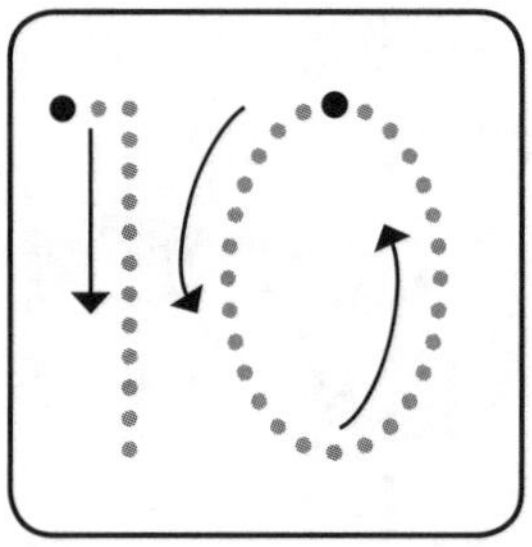

Cuenta.
Escribe el número.

5

6

Cuenta.
Empareja.

7

• • diez

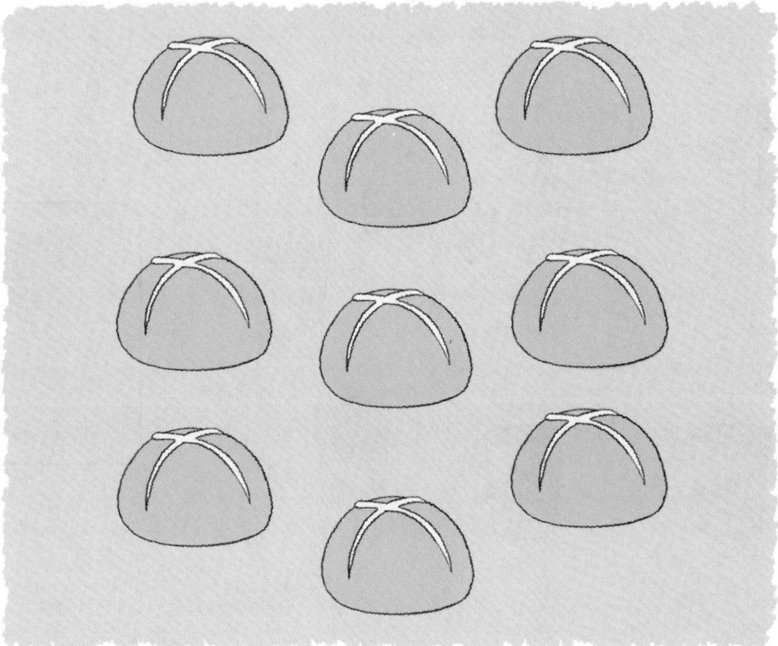

• • nueve

Nombre: ____________________ Fecha: ____________

Capítulo 2

Práctica adicional y tarea
Números hasta el 10

Actividad 4 Ordenar números hasta el 10

Los números están en orden.
Escribe los números que faltan.

1. 5 6 7 8 ___

2. 6 7 ___ 9 ___

3. ___ 9 8 7 6

4. 8 ___ 6 ___ 4

Une los puntos en orden.

5

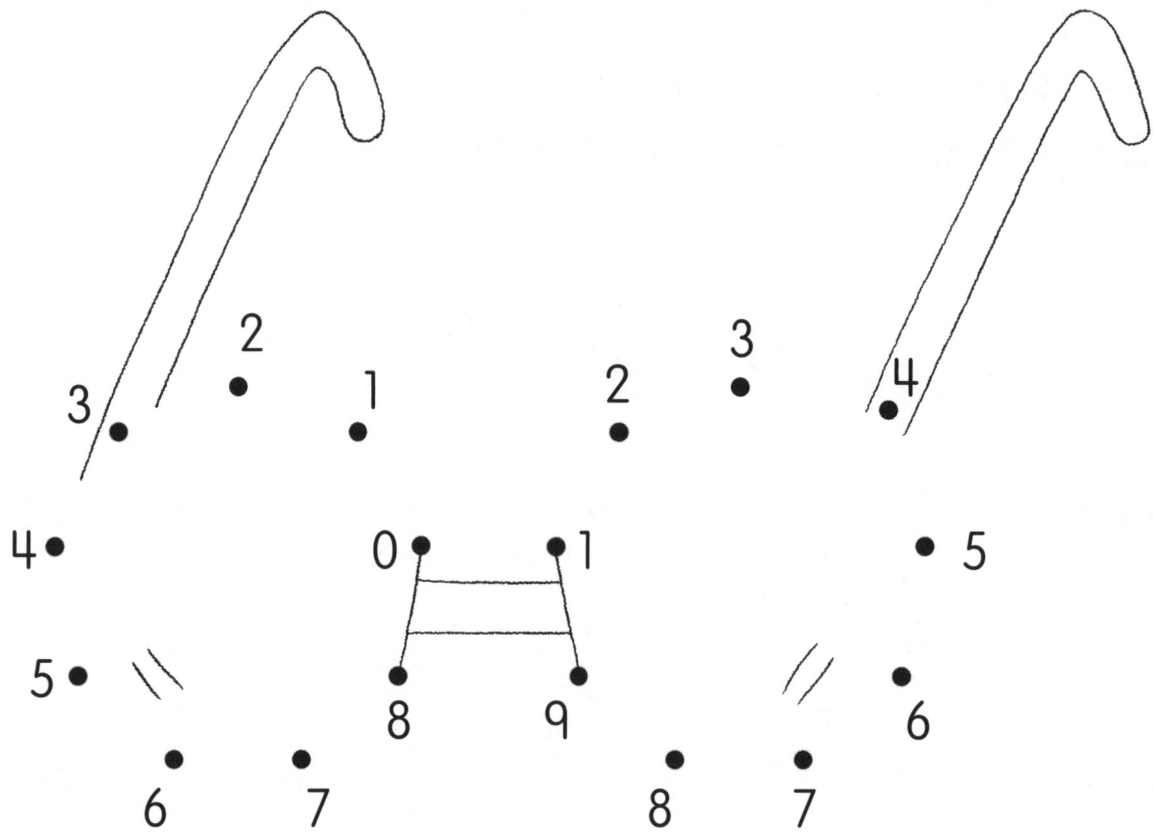

Nombre: ______________________ Fecha: ______________

Capítulo 2

Práctica adicional y tarea
Números hasta el 10

Actividad 5 Formar pares de números hasta el 10

Colorea para formar pares de números.
Completa cada espacio en blanco.

1 a

1 y 2 forman ________.

b

3 y 0 forman ________.

c

1 y 1 forman ________.

¿Qué números forman 4?
Completa cada espacio en blanco.

2

a

3 y 1 forman ________.

b

2 y 2 forman ________.

c

4 y 0 forman ________.

¿Qué números forman 5?
Usa 2 colores para mostrarlo.
Escribe cada número.

3 a

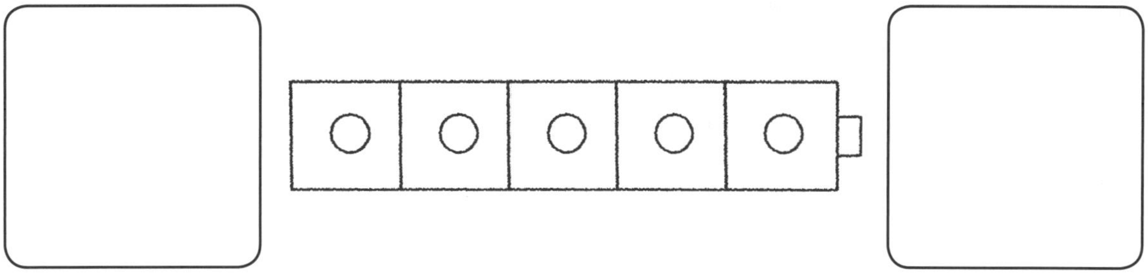

b

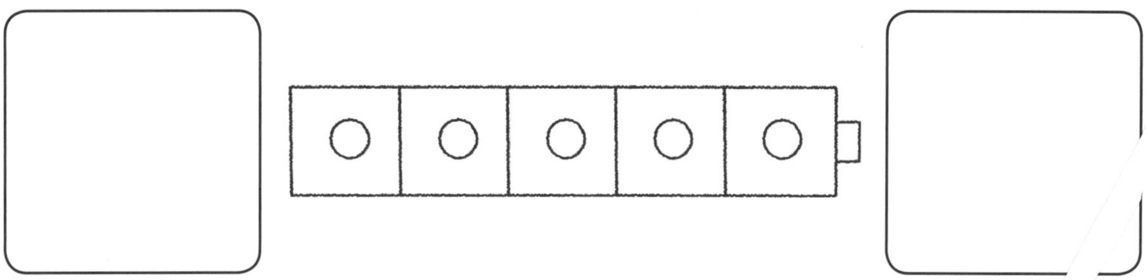

c

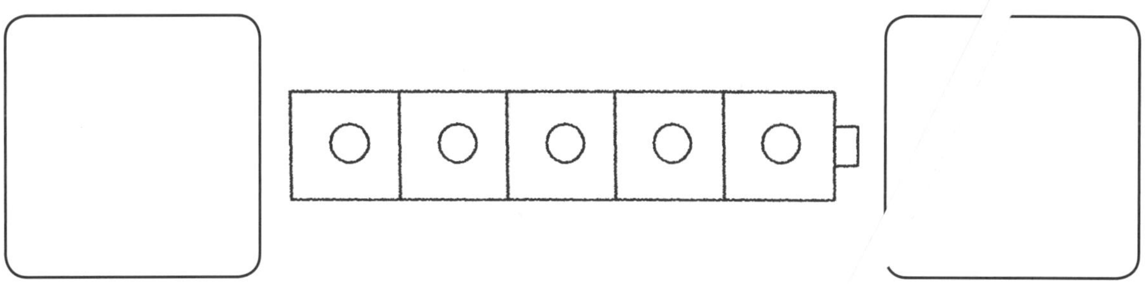

¿Qué números forman 6?
Usa 2 colores para mostrarlo.
Completa cada espacio en blanco.

4 a

________ y ________ forman 6.

b

________ y ________ forman 6.

¿Qué números forman 7?
Usa 2 colores para mostrarlo.
Completa cada espacio en blanco.

5 a

_______ y _______ forman 7.

b

_______ y _______ forman 7.

c

_______ y _______ forman 7.

¿Qué números forman 8?
Usa 2 colores para mostrarlo.
Escribe cada número.

6 a

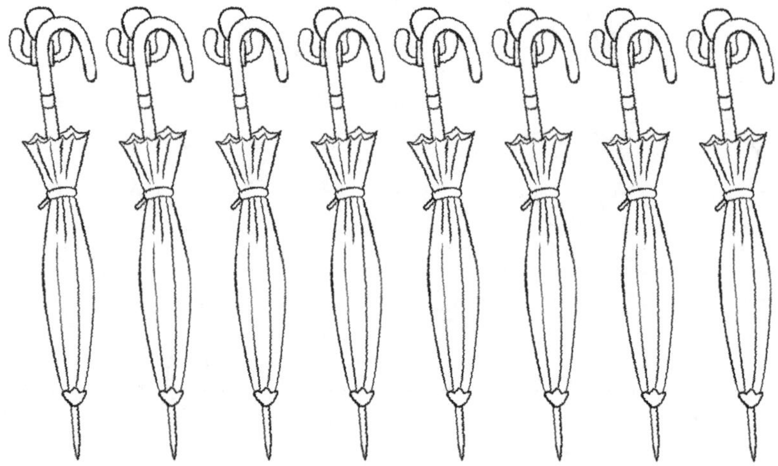

_______ y _______ forman 8.

b

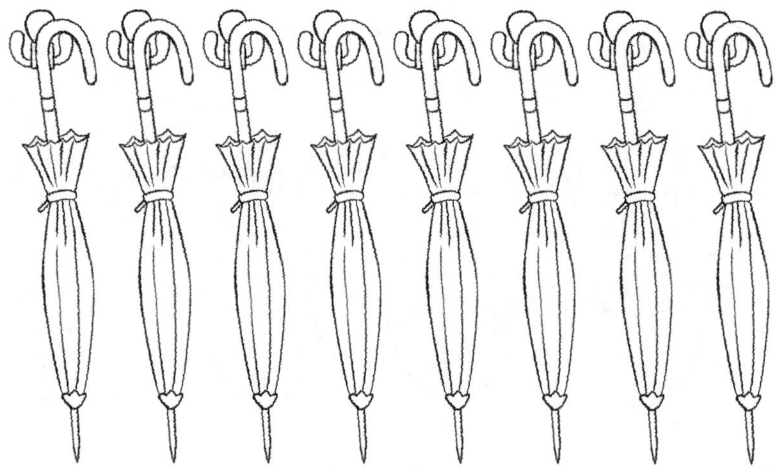

_______ y _______ forman 8.

¿Qué números forman 9?
Completa cada espacio en blanco.

7 a

_______ y _______ forman 9.

b

_______ y _______ forman 9.

c

_______ y _______ forman 9.

d

_______ y _______ forman 9.

¿Qué números forman 10?
Usa 2 colores para mostrarlo.
Completa cada espacio en blanco.

8 a

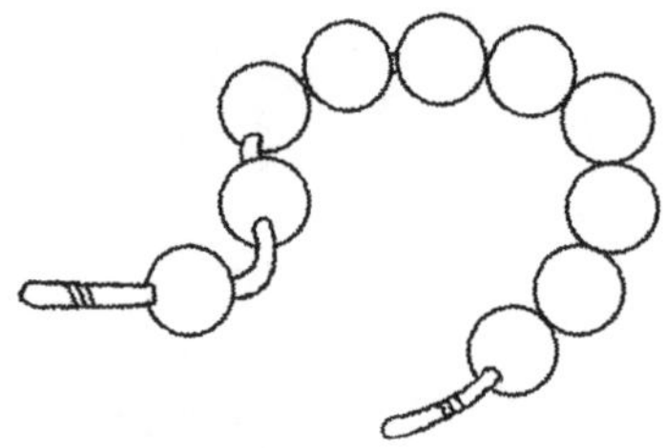

_______ y _______ forman 10.

b

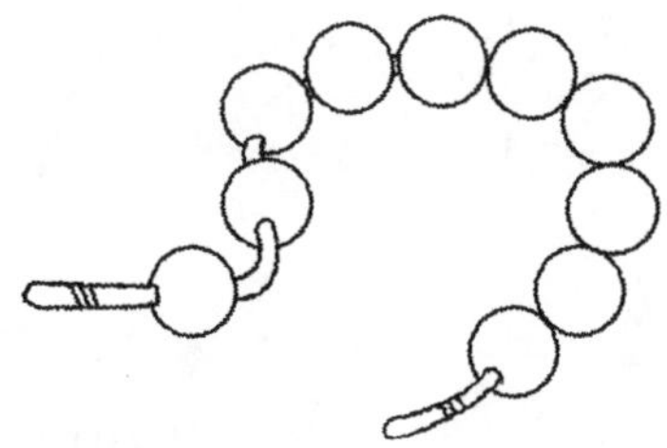

_______ y _______ forman 10.

c

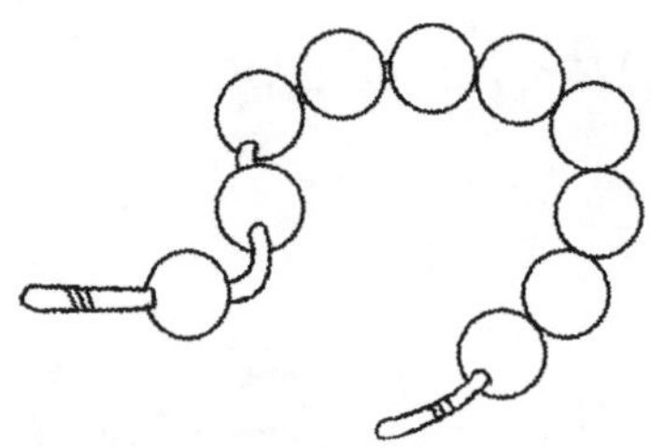

_______ y _______ forman 10.

d

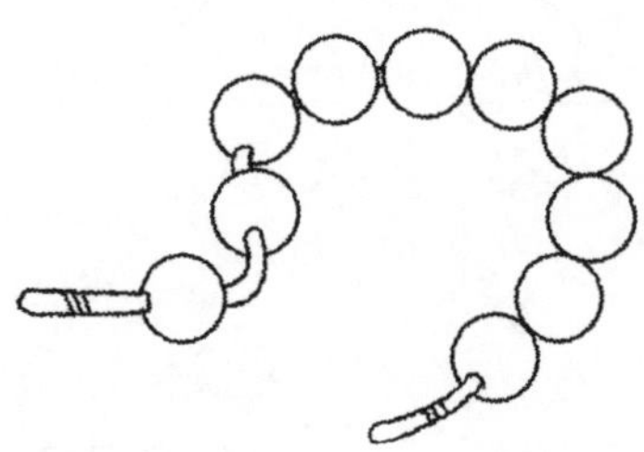

_______ y _______ forman 10.

Nombre: ______________________ Fecha: __________

Capítulo 2

Práctica adicional y tarea
Números hasta el 10

Actividad 6 Números ordinales

Encierra en un círculo.

1 el 4.º lápiz

1.º

2 el 3.er zapato

1.º

Marca con ✗ la 5.ª  .

3

1.º

Los bomberos están subiendo.

Completa cada espacio en blanco.

Escribe 3.º, 4.º o 5.º.

4

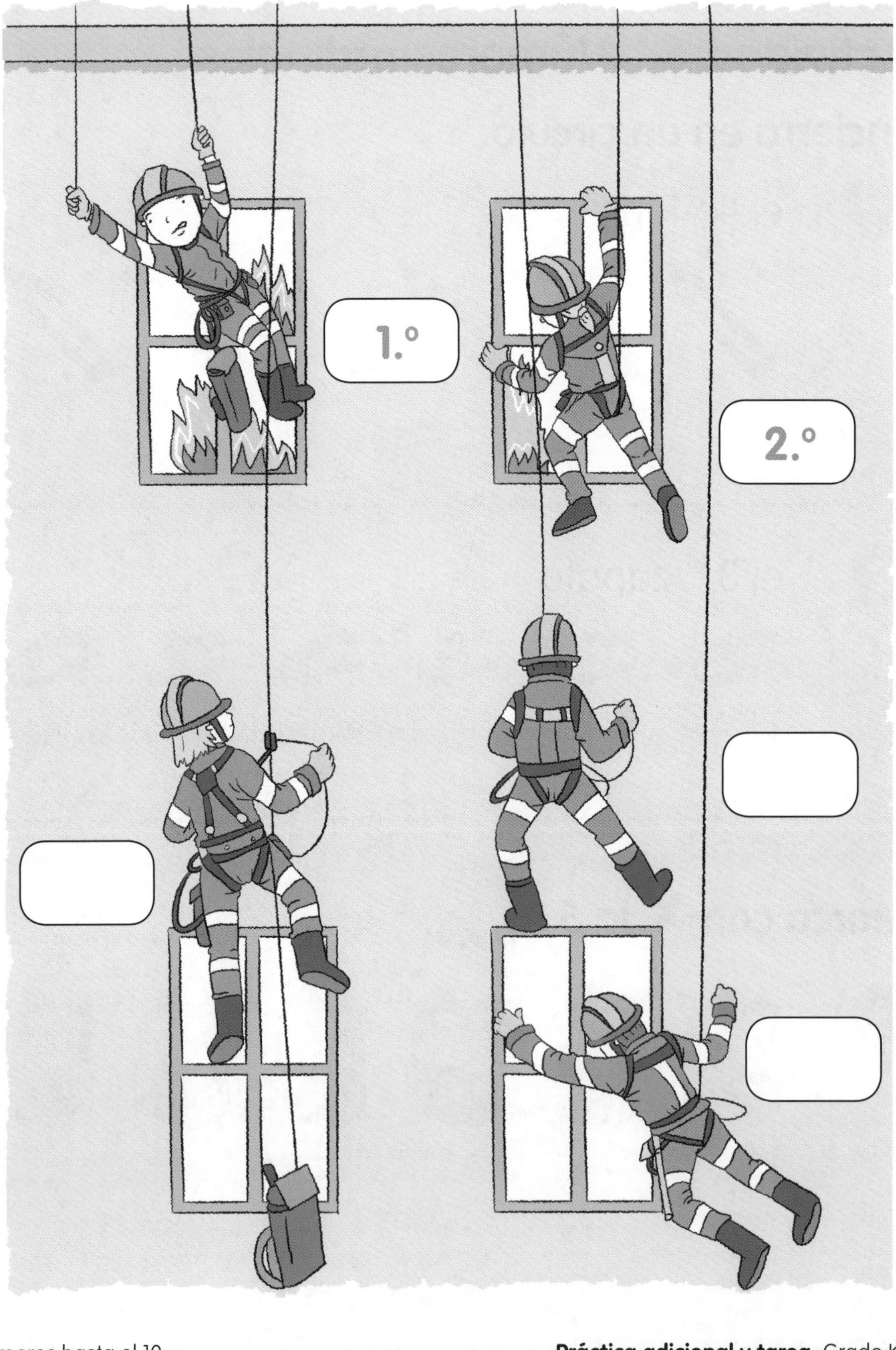

Nombre: ______________________ Fecha: ____________

Hábito para matemáticas 2 Usar el razonamiento matemático

Observa la ilustración de abajo.
Algunas personas están esperando un taxi.

Colorea la casilla correcta.

a ¿Cuántas personas están esperando?

10	7	5

b Completa cada espacio en blanco.
Usa las palabras en el recuadro.

4.ª	2.ª	1.ª	5.ª

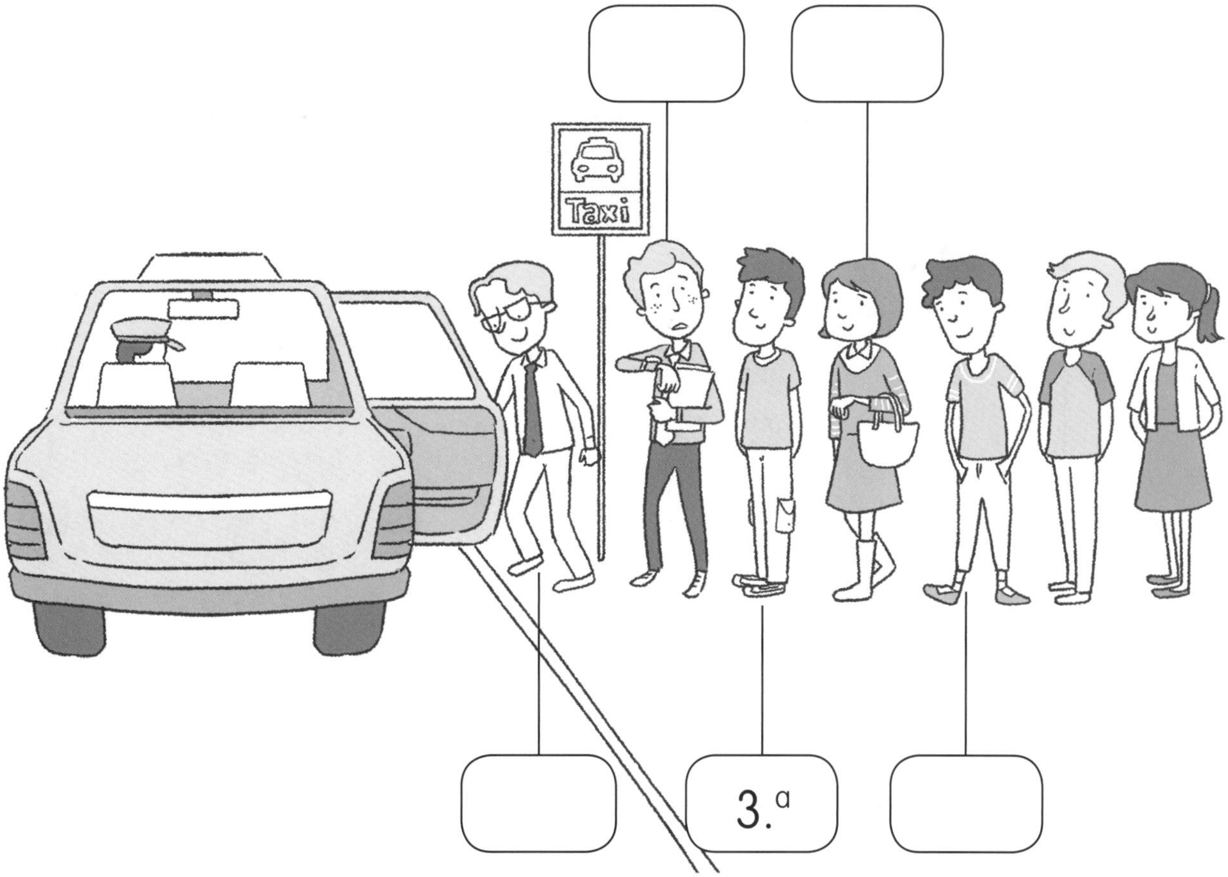

1 **Hábito para matemáticas 2** **Usar el razonamiento matemático**

Dibuja para formar el 8.
Encierra en un círculo para mostrar pares de números.
Completa cada espacio en blanco.

Manera 1

________ y ________ forman ________.

Manera 2

________ y ________ forman ________.

CONEXIONES DE LA ESCUELA A LA CASA

Capítulo 3

Medición

Estimada familia:

En este capítulo, su hijo aprenderá sobre medición. Las habilidades que practicará son las siguientes:

- comparar las longitudes de dos objetos
- medir la longitud usando unidades no estándares
- comparar las longitudes de dos objetos
- medir la altura usando unidades no estándares
- comparar los pesos de dos objetos

Práctica matemática

Al terminar el capítulo, realice con su hijo estas actividades, que le servirán para reforzar su comprensión de la medición.

Actividad 1

- Tome algunos espaguetis sin cocinar y rómpalos en longitudes diferentes.
- Pida a su hijo que elija dos pedazos de espaguetis sin cocinar y compare sus longitudes.
- Haga que su hijo identifique cuál pedazo de espagueti sin cocinar es más corto y cuál pedazo de espagueti sin cocinar es más largo.
- Repitan varias veces la actividad.
- Diga a su hijo que ordene los pedazos de espaguetis sin cocinar del más corto al más largo y luego del más largo al más corto.

Actividad 2

- Visiten una biblioteca y lean libros sobre medidas, longitud y peso, como *Length* de Henry Arthur Pluckrose; *Actual Size* de Steve Jenkins, y *Mighty Maddie* de Stuart Murphy.

Charla de matemáticas

Pida a su hijo que reúna una colección de juguetes. Pídale que tome dos objetos y compare sus pesos, identificando cuál es **más pesado** y cuál es **más liviano**. Continúe comparando los pesos de pares de juguetes diferentes. Luego diga a su hijo que compare las longitudes y las alturas de objetos para determinar cuáles son **más largos** y cuáles son **más cortos**, así como cuáles son **más altos** y cuáles son **más bajos**.

Actividad 3

- Haga una báscula usando una regla y un rollo de papel de baño vacío. Luego, úsela para comparar pesos.
- Haga que su hijo añada un objeto de un lado de la regla mientras usted agrega un objeto diferente en el lado opuesto al mismo tiempo. Hable sobre qué objeto es más pesado o más liviano, o si ambos pesan lo mismo.

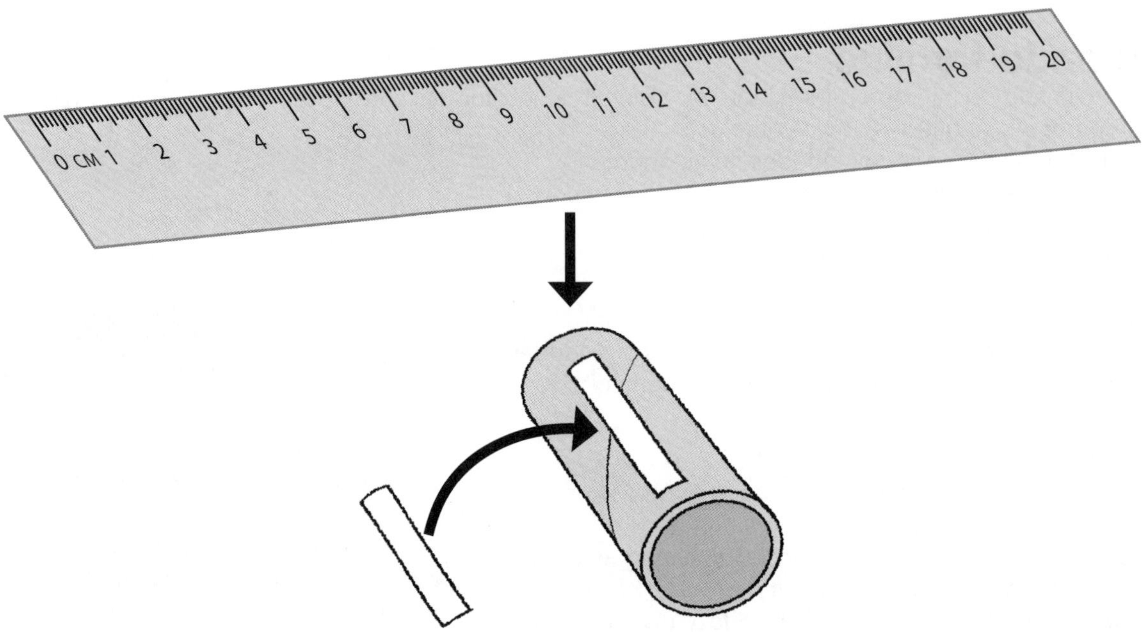

Nombre: ______________________ Fecha: ____________

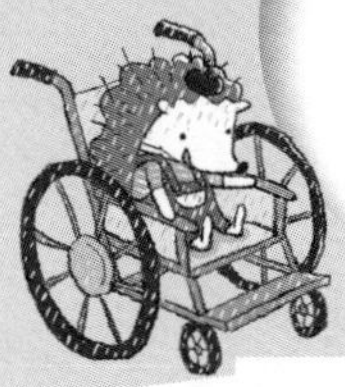

Capítulo 3

Práctica adicional y tarea
Medición

Actividad 1 Comparar longitudes

Traza una línea larga.

1

Traza una línea corta.

2

Colorea la 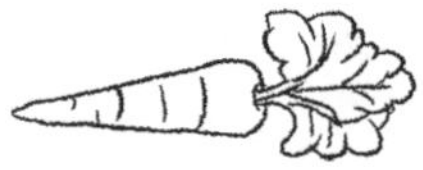 **más larga.**

Encierra en un círculo la 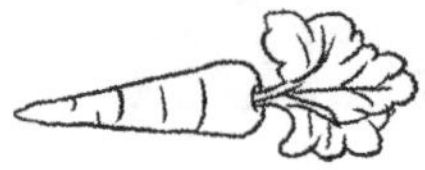 **más corta.**

3

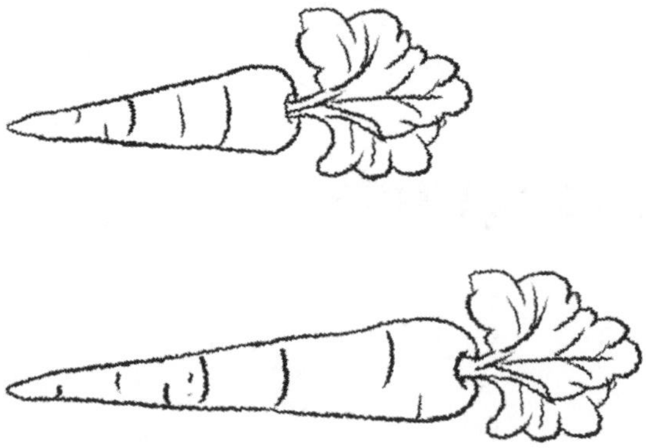

¿Cuáles tienen la misma longitud?
Enciérralas en un círculo.

4

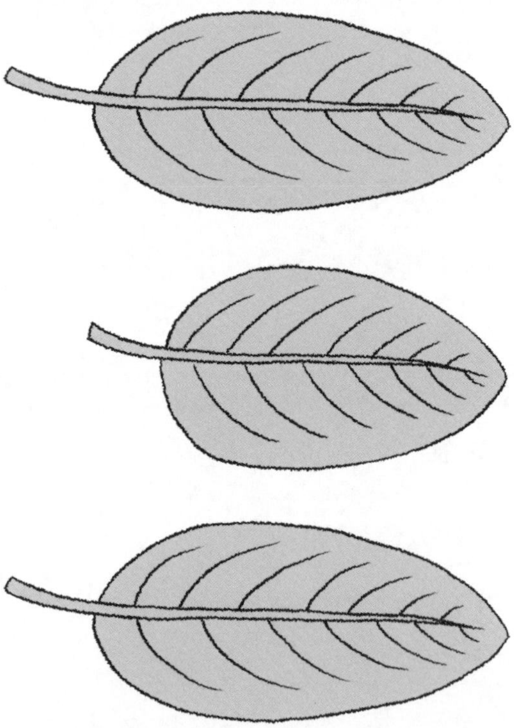

Traza una línea que sea más corta que el .

5

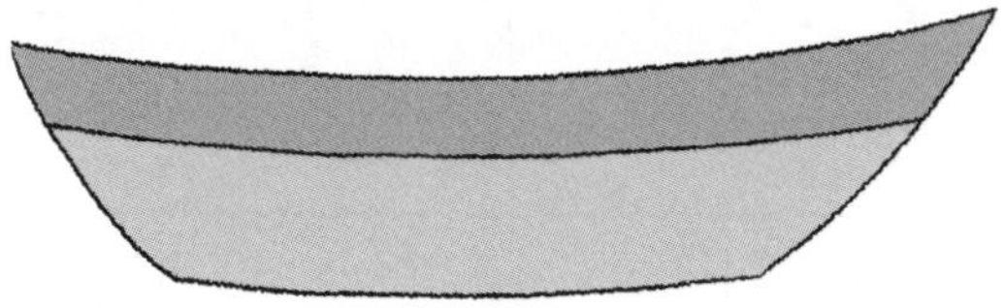

Traza una línea que sea tan larga como la .

6

Colorea los ☐ para mostrar las longitudes.

7

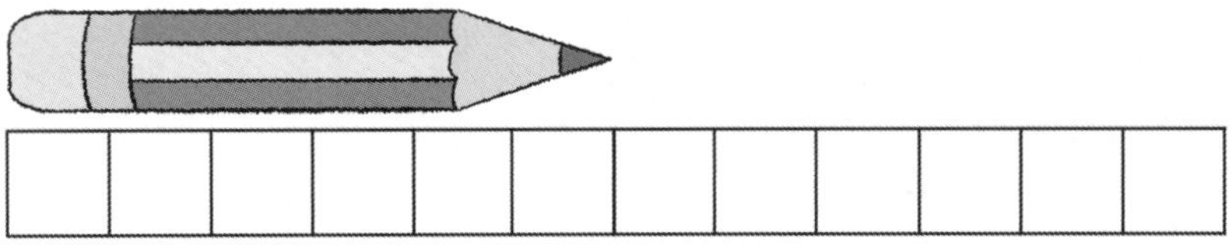

8

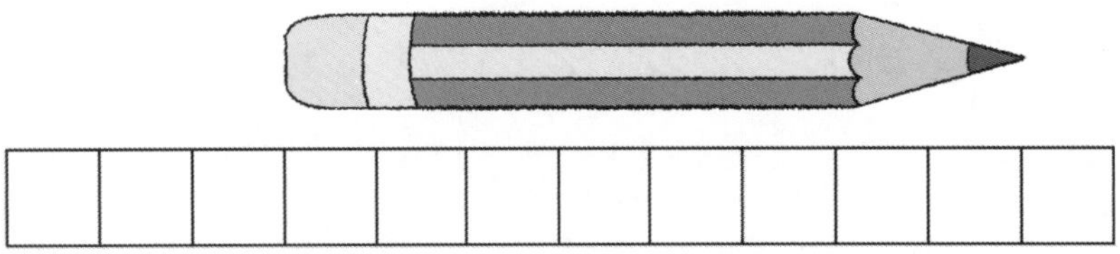

Cuenta los ▭ o 📎. Completa cada espacio en blanco.

9

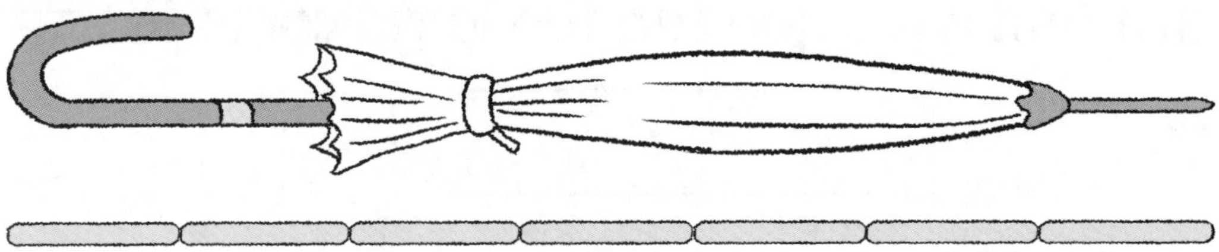

La sombrilla mide aproximadamente ________ ▭ de largo.

10

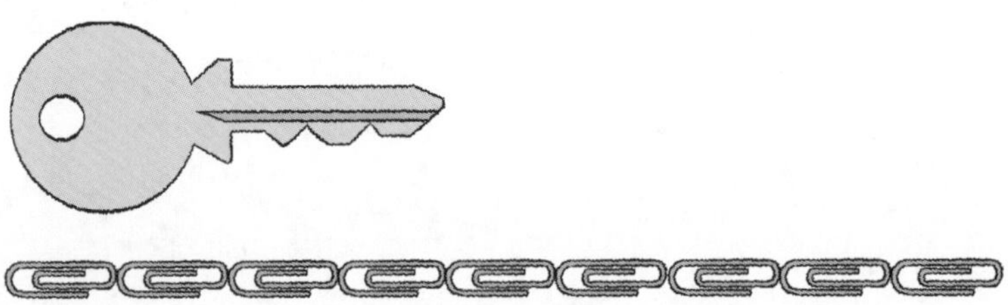

La llave mide aproximadamente ________ 📎 de largo.

Nombre: ____________________ Fecha: __________

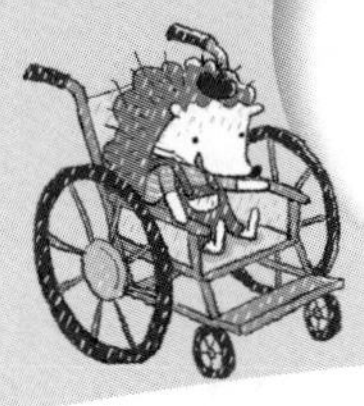

Capítulo 3

Práctica adicional y tarea
Medición

Actividad 2 Compara alturas

Dibuja un árbol alto.

1

Dibuja un árbol bajo.

2

¿Quién es más alto?
Colorea.

3

Marca una ✘ en el árbol más bajo.
Si tienen la misma altura, enciérralos en un círculo.

4

5

¿Cuál es más baja?
Márcala una ✗.

6

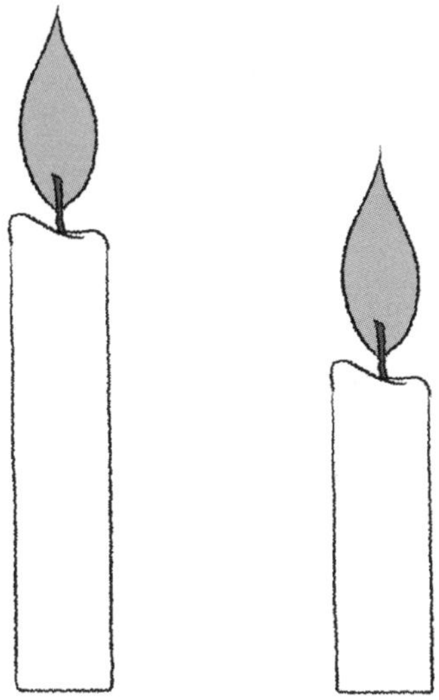

Colorea la casilla correcta.

7

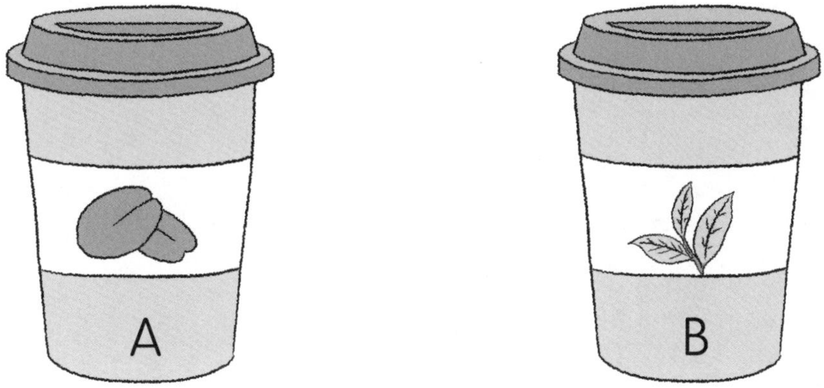

La Taza A es

más alta que
tan alta como
más baja que

la Taza B.

Cuenta los 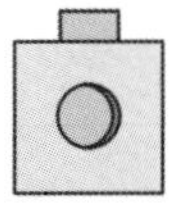 **o** 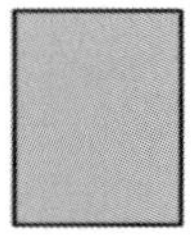**.**

Completa cada espacio en blanco.

8

Es aproximadamente ________ 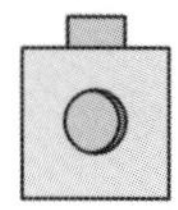 alto.

9

Es aproximadamente ________  alto.

Nombre: ______________________________ Fecha: ______________

Capítulo 3

Práctica adicional y tarea
Medición

Actividad 3 Comparar longitudes, alturas y pesos

¿Qué animales son livianos?
Enciérralos en un círculo.

1

¿Cuál es más pesado? Coloréalo.
¿Cuál es más liviano? Marca una ✗.

2

3

¿Cuál es más bajo? Coloréalo.
¿Cuál es más pesado? Enciérralo en un círculo.

4

¿Cuál es más alto? Enciérralo en un círculo.
¿Cuál es más pesado? Coloréalo.

5

¿Cuál es más largo? Marca una ✘.
¿Cuál es más liviano? Enciérralo en un círculo.

6

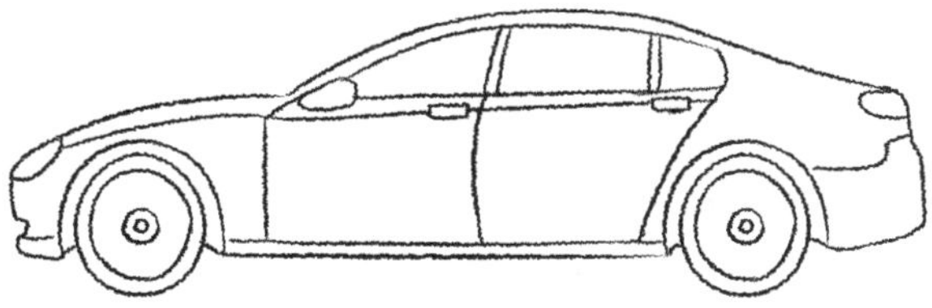

Dibuja una bolsa más larga y alta.

7

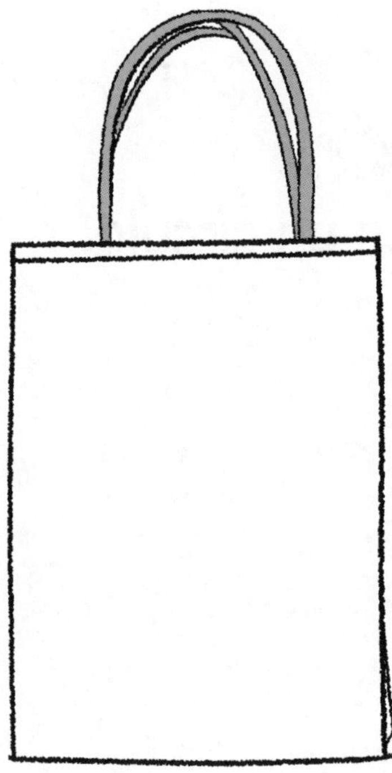

Nombre: ______________________________ Fecha: ______________

1 **Hábito para matemáticas 6** **Usar lenguaje matemático preciso**

Cuenta un cuento acerca de la ilustración.
Usa las palabras del recuadro.
Cuenta tu cuento a tu compañero.

más alto	más liviano	más pesado	más largo	más bajo

2 **Hábito para matemáticas 5** **Usar herramientas estratégicamente**

Observa los gatos.
¿Cuál gato es más alto?
Comenta a tu compañero cómo lo representas.
Colorea la casilla correcta.

El Gato A es

más alta que
tan alta como
más baja que

el Gato B.

1 **Hábito para matemáticas 2** **Usar el razonamiento matemático**

¿Qué tan alta es la Jirafa B?

Mi estimación: ________

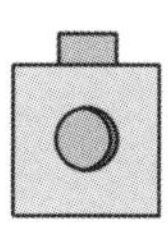

2 Hábito para matemáticas 1 **Perseverar en la resolución de problemas**

Daniel tiene los objetos A, B, y C.

Cada objeto tiene una 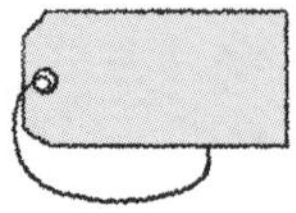.

Lee las pistas.

Empareja cada objeto con la 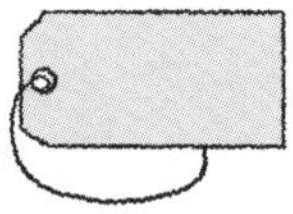 correcta.

Pistas:

A es más largo que B.

A es más liviano que B.

C es más liviano que B.

C es más largo que A.

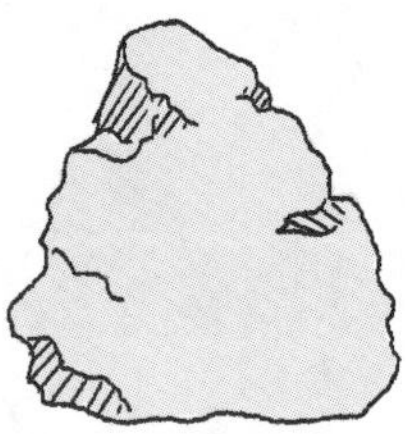

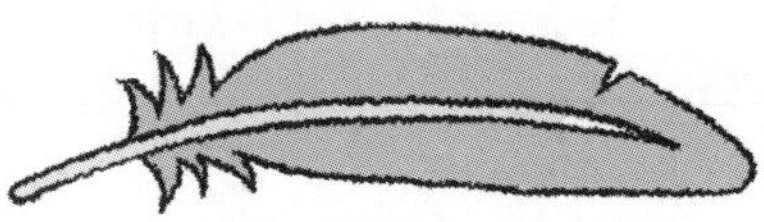

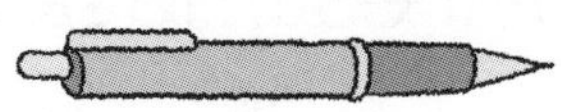

A B C

CONEXIONES DE LA ESCUELA A LA CASA

Capítulo 4

Comparar números hasta el 10

Estimada familia:

En este capítulo, su hijo comparará números hasta el 10. Las habilidades que practicará son las siguientes:

- comparar dos conjuntos de objetos usando igual que
- comparar dos conjuntos de objetos usando mayor que
- comparar dos conjuntos de objetos usando menor que
- comparar dos números hasta el 10
- identificar 1 más o 1 menos de un número

Práctica matemática

Al terminar el capítulo, realice con su hijo estas actividades, que le servirán para reforzar su comprensión de comparar números hasta el 10.

Actividad 1

- Reúna 20 objetos idénticos como frijoles secos o clips y 2 platos de papel. Conserve un plato y dele el otro plato a su hijo.
- Use tarjetas con números o escriba los números del 0 al 10 en tarjetas individuales. Mezcle las tarjetas y colóquelas boca abajo.
- Seleccione una tarjeta, lea el número en voz alta, coloque el número correspondiente de objetos en su plato y ponga la tarjeta con el número frente al plato. Luego, pida a su hijo que haga lo mismo. Use las palabras *igual, mayor que* y *menor que* para comparar los números. Regrese los objetos y las tarjetas antes de que su hijo dirija la siguiente ronda.

Actividad 2

- Reúna un puñado de cuentas o aros de cereal y 2 limpiadores de pipas.
- Pida a su hijo que coloque de 0 a 5 cuentas o aros de cereal en el limpiador de pipas mientras usted hace lo mismo, sin ver el trabajo que hace el otro.
- Muestren su trabajo cuando ambos hayan terminado. Usen las palabras *igual, mayor que* o *menor que* para comparar el número de objetos en los limpiadores de pipas.
- Regresen los objetos antes de jugar de nuevo.

Charla de matemáticas

Reúna algunos bloques apilables o cubos interconectables. Haga dos torres, con una altura de 1 a 5 bloques. Pida a su hijo que le ayude a comparar el número de bloques en cada torre, usando las palabras **igual**, **mayor que** o **menor que**. Repitan varias veces la actividad, dejando que su hijo construya y compare las torres en cada ocasión.

PÁGINA EN BLANCO

Nombre: ______________________ Fecha: __________

Práctica adicional y tarea
Comparar números hasta el 10

Actividad 1 Más que

Empareja cada 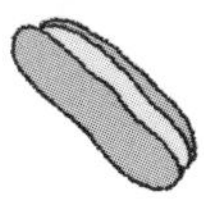 con un .

Encierra en un círculo el grupo que tenga más.

1

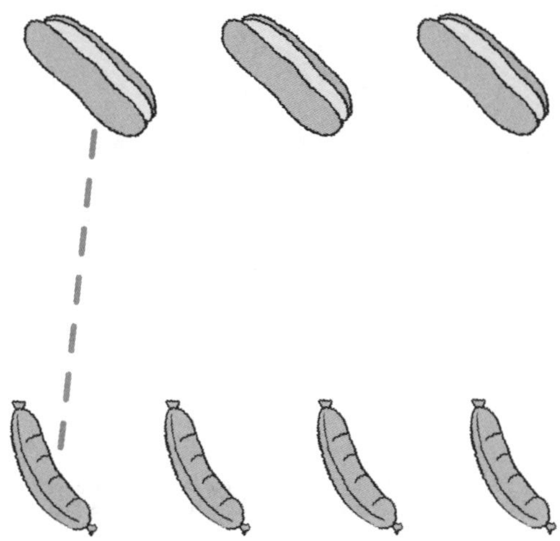

2

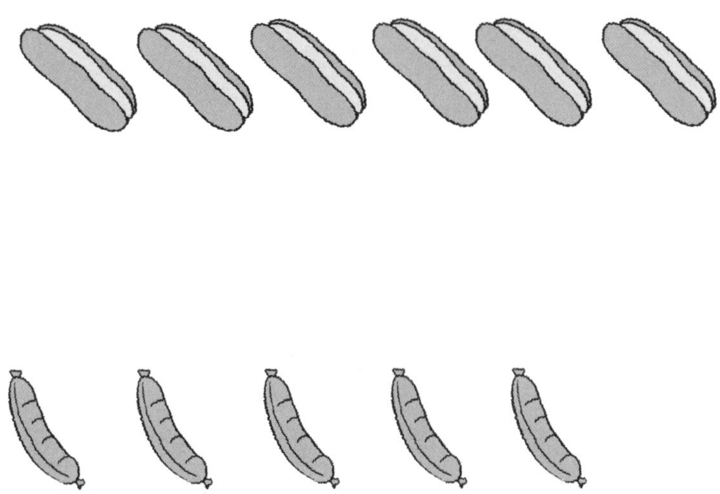

Empareja cada  con una .

Encierra en un círculo el grupo que tenga más.

3

Empareja y compara.
Encierra en un círculo el grupo que tenga más.

4

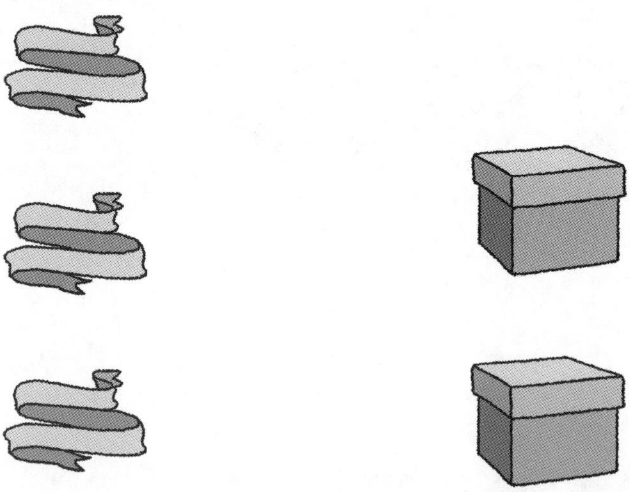

Empareja y compara.
Colorea el recuadro correcto.

5

Hay más  que .
Hay más  que .

6

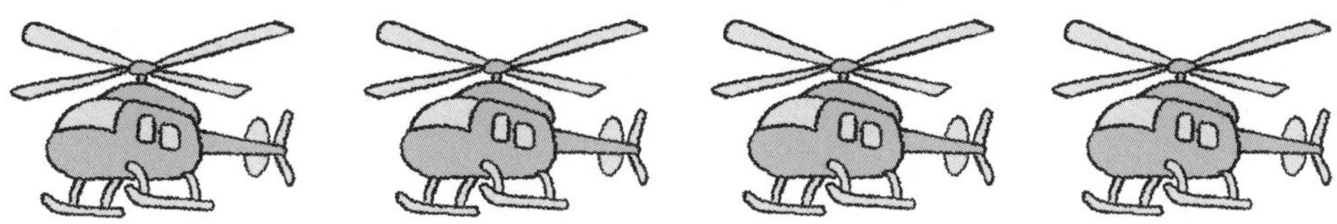

Hay más  que .
Hay más  que .

Responde cada pregunta.

7

a Dibuja más que .

b ¿Cuántas dibujaste?

Responde cada pregunta.

8

a Dibuja más ◯ que .

b ¿Cuántas ◯ dibujaste?

Compara.
Encierra en un círculo el grupo que tenga más.

9

10

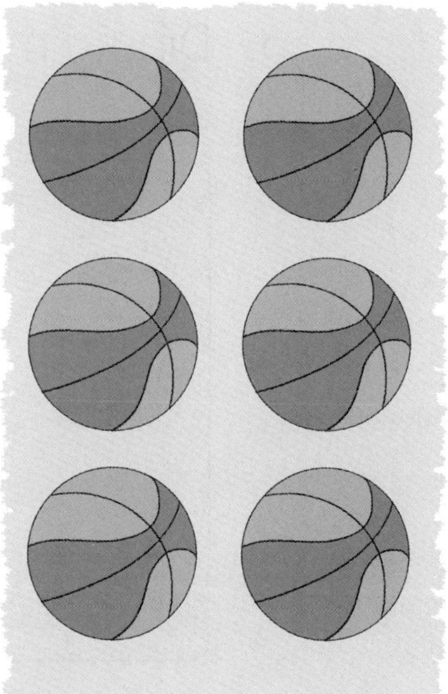

Nombre: ______________________ Fecha: ____________

Capítulo 4

Práctica adicional y tarea
Comparar números hasta el 10

Actividad 2 Menos que

Empareja cada  con un .

Encierra en un círculo el grupo que tenga menos.

1

Empareja y compara.
Colorea el recuadro correcto.

2

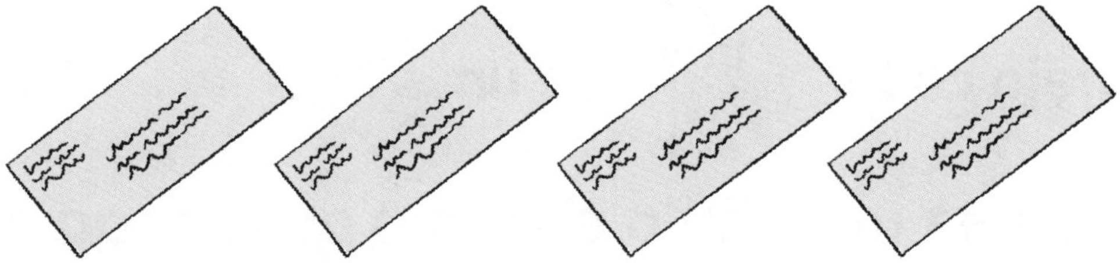

Hay [más / menos]  que 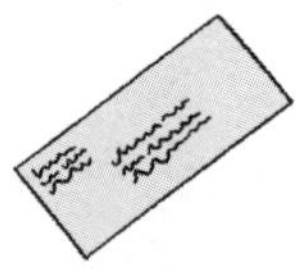.

3

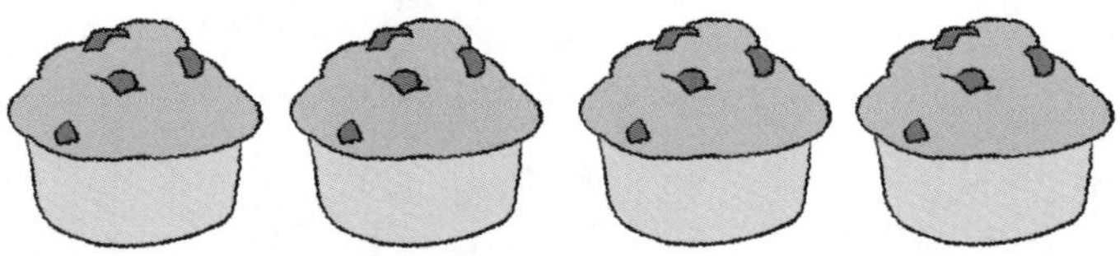

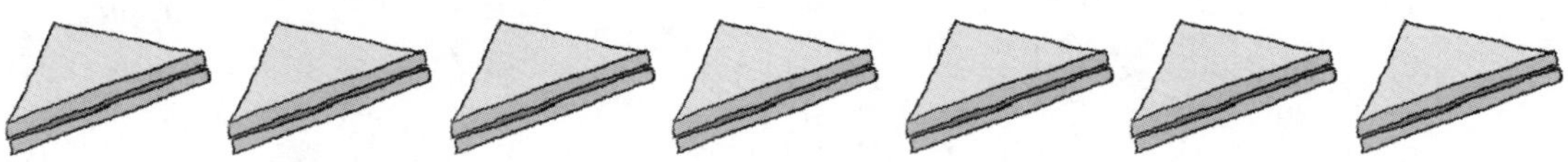

Hay [más / menos]  que 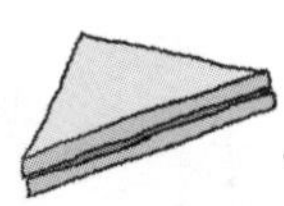.

Compara.
Encierra en un círculo el grupo que tenga menos.

4

5

Responde cada pregunta.

6

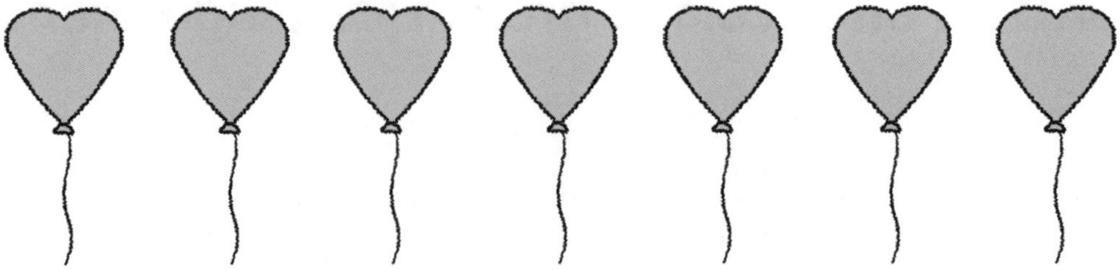

a Dibuja menos  que .

b ¿Cuántos  dibujaste?

Nombre: ______________________________ Fecha: ______________

Práctica adicional y tarea
Comparar números hasta el 10

Actividad 3 Igual

Empareja y compara.
Colorea el recuadro correcto.

1

Hay más 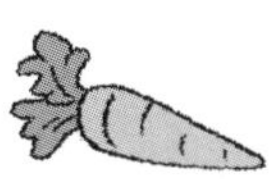 que .
El número de  y de  es igual.

Empareja y compara.
Colorea el recuadro correcto.

2

¿El número de  y de  es el igual?

Sí
No

Compara.
Encierra en un círculo todos los grupos con el mismo número.

3

Compara.
Colorea las casillas correctas.

4

El número de 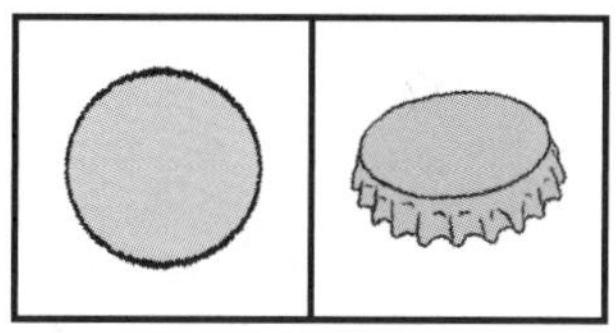 y de 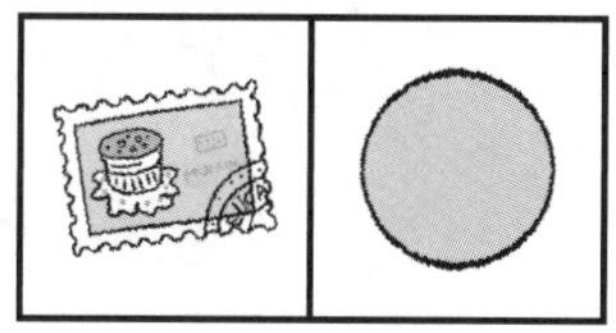

es igual.

5

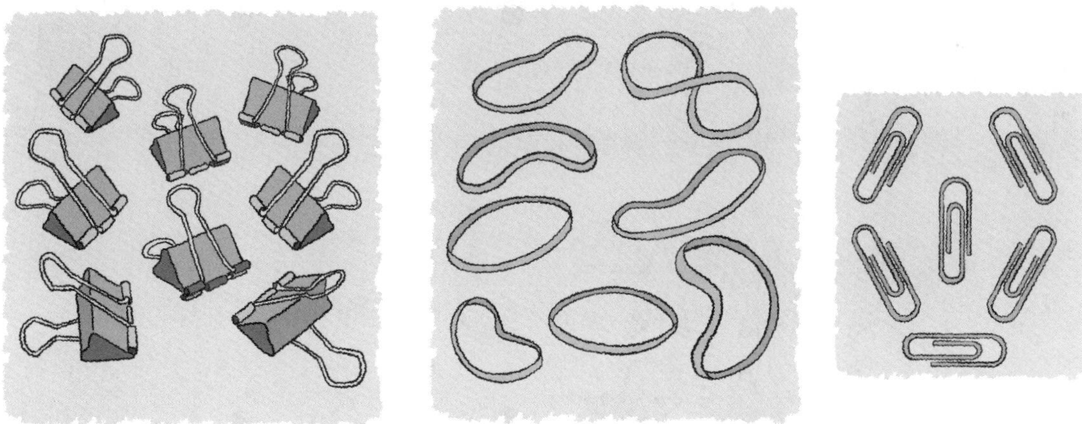

El número de 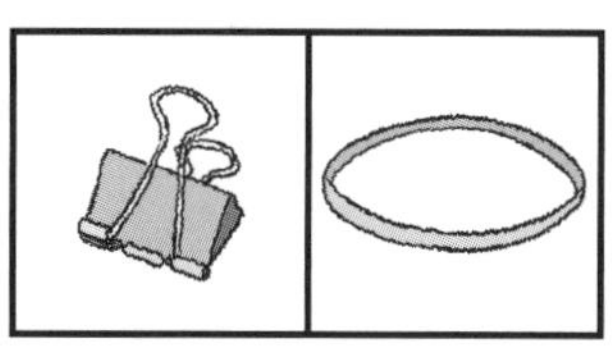 y de 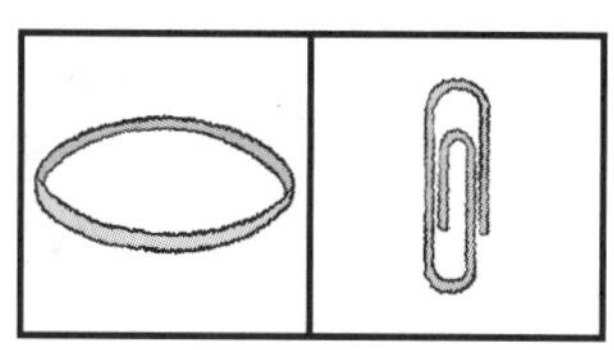

es igual.

Compara.
Empareja los grupos que muestren el mismo número.

6

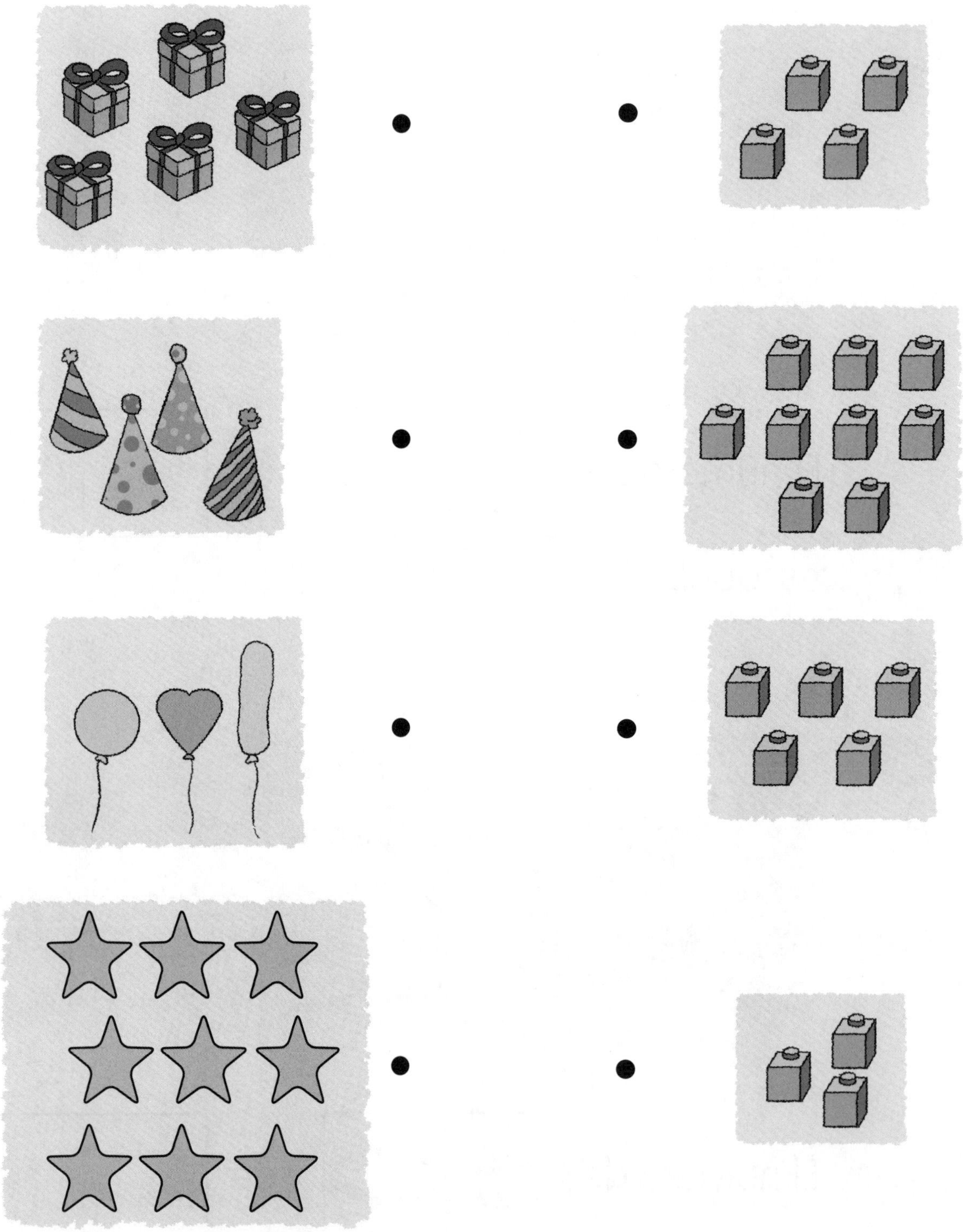

Nombre: ______________________ Fecha: __________

Capítulo 4

Práctica adicional y tarea
Comparar números hasta el 10

Actividad 4 Comparar números hasta el 10

Escribe cada número.

1  ☐

 ☐

Colorea la casilla correcta.

2 Hay ☐ más / ☐ menos 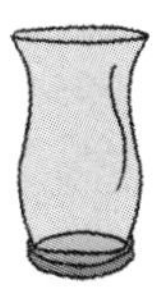 que .

3 3 es ☐ menor que / ☐ mayor que 5.

Escribe cada número.

4

Compara los números.
Colorea la casilla correcta.

5 Hay | más / menos |  que .

6 6 es | mayor que / menor que | 5.

Encierra los números que sean menores que 5.

7

2 4 3 1

6 8 9

0 5 7

Compara y colorea.

8 8 es

mayor que
igual que
menor que

4.

9 9 es

mayor que
igual que
menor que

9.

Escribe cada número.
Encierra en un círculo el grupo que tenga 1 más.

10

Completa cada espacio en blanco.

11 ________ es 1 más que 4.

12 ________ es 1 menos que 5.

Escribe cada número.
Encierra en un círculo el grupo que tenga 1 menos.

13

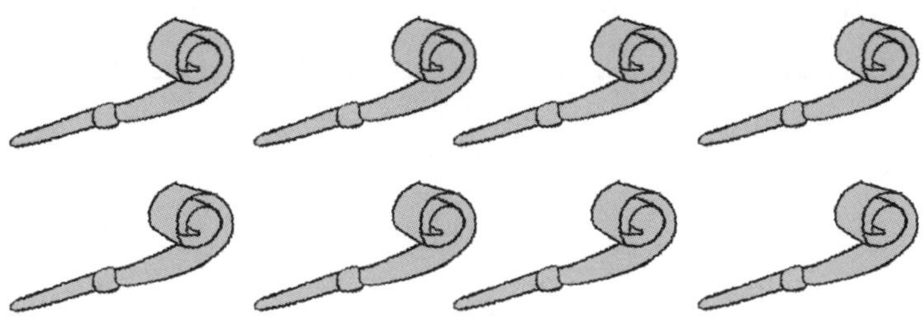

Completa cada espacio en blanco.

14 1 menos que 9 es ________.

15 ________ es 1 menos que 9.

Cuenta.
Escribe.
Dibuja.

16

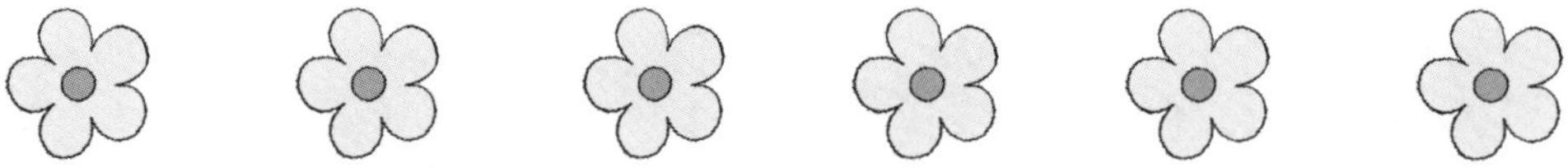

a Hay ☐ .

b Dibuja para mostrar 1 más.

c ¿Cuántas dibujaste?

Nombre: ______________________ Fecha: ______________

1 Hábito para matemáticas 6 Usar lenguaje matemático preciso

Observa la ilustración.
Colorea las casillas correctas.

a Hay | 1 más / 1 menos |  que .

b El número de  es | 1 menos / 1 más | que 5.

c El número de  es | igual que / menor que | número de .

2

Hábito para matemáticas 2 Usar el razonamiento matemático

Dibuja 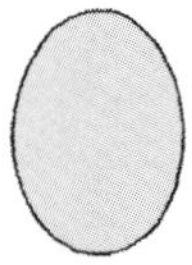 para representar el mismo número de .

1

Hábito para matemáticas 1

Perseverar en la resolución de problemas

Luis tiene algunos .

El número de  es mayor que 2.

También es menor que 5.

Dibuja los  que Luis tiene.

¡DESAFÍA TU MENTE!

2 Hábito para matemáticas 2 Usar el razonamiento matemático

Empareja.

1 mas qué 5 •	
	• 1 menos que 7
1 menos que 4 •	
	• 1 más que 6
1 menos que 8 •	
	• 1 más que 2

CONEXIONES DE LA ESCUELA A LA CASA

Capítulo 5

Figuras planas y cuerpos geométricos

Estimada familia:

En este capítulo, su hijo aprenderá sobre las figuras planas y los cuerpos geométricos. Las habilidades que practicará son las siguientes:

- identificar, nombrar y describir figuras planas y cuerpos geométricos
- reconocer figuras planas y cuerpos geométricos en la vida cotidiana
- usar palabras que indican posición para nombrar posiciones relativas de figuras y cuerpos
- combinar figuras y cuerpos para formar nuevas formas
- analizar y comparar figuras y cuerpos
- usar figuras planas y cuerpos geométricos para identificar y expandir patrones de figuras y formas

Práctica matemática

Al terminar el capítulo, realice con su hijo estas actividades, que le servirán para reforzar su comprensión de figuras y cuerpos.

Actividad 1

- Visite una biblioteca para leer con su hijo libros acerca de figuras y cuerpos, como *Skippyjon Jones shape up* de Judy Schachner; *Shape by Shape* de Suse MacDonald y *Not a Box* de Antoinette Portis.

Actividad 2

- Juegue *Veo una forma/figura*, buscando ejemplos de figuras planas y cuerpos geométricos en su casa. Por ejemplo, puede encontrar galletas saladas con forma de figuras planas circulares, cuadradas, rectangulares, hexagonales y triangulares, así como cajas sólidas, latas cilíndricas y conos para helados o sombreros de fiesta.
- Haga una lista de sus hallazgos y pida a su hijo que le ayude para continuar agregando nuevos objetos a la lista a medida que los encuentren.

Actividad 3

- Use masa comprada en la tienda o hecha en casa para formar cuerpos geométricos, como conos, esferas, cubos y cilindros.
- Pida a su hijo que combine distintos cuerpos para formar un animal, un vehículo, un edificio u otras posibilidades interesantes y luego cuenten un cuento sobre el objeto.

Charla de matemáticas

Reúna algunas pajillas y bombones. Use las pajillas para ayudar a su hijo a formar figuras planas, como cuadrados, rectángulos y triángulos. Hable sobre las características de las figuras, como el **número de lados** y el **número de esquinas**. Luego, use las pajillas o partes de las pajillas para formar y hablar sobre cuerpos geométricos, como cubos, cilindros y conos. Use los bombones para unir las pajillas.

Nombre: ______________________ Fecha: ____________

Práctica adicional y tarea
Figuras planas y cuerpos geométricos

Actividad 1 Figuras planas

Colorea la figura correcta.

1 círculo

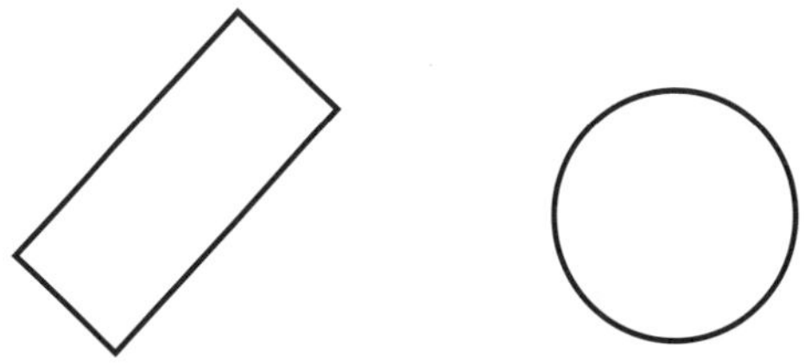

2 triángulo

3 rectángulo

Colorea la casilla con el nombre de cada figura.

4

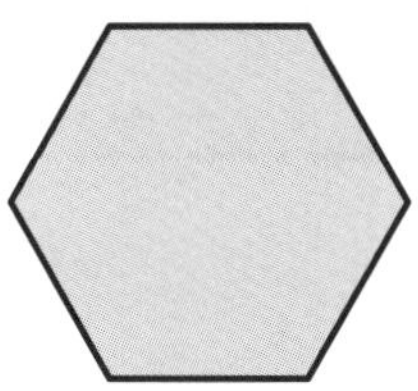

círculo	hexágono

5

cuadrado	triángulo

Empareja.

6

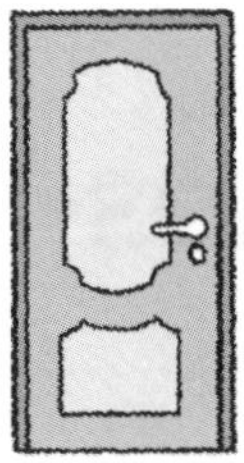

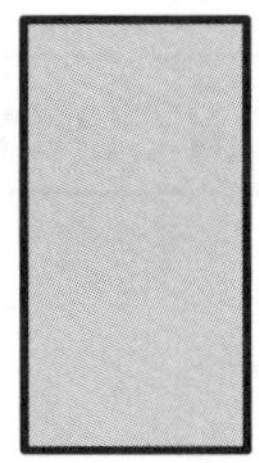

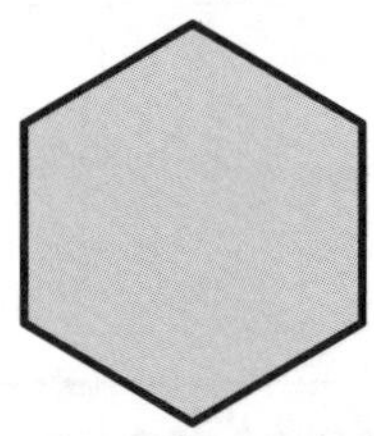

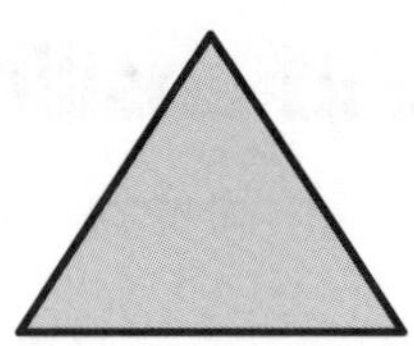

Nombre: ____________________ Fecha: ____________

Práctica adicional y tarea
Figuras planas y cuerpos geométricos

Actividad 2 Cuerpos geométricos

Encierra en un círculo el cuerpo correcto.

1 cubo

---

2 cono

Colorea la casilla con el nombre de cada cuerpo.

3

esfera	cono

4

esfera	cilindro

¿Cuál cuerpo geométrico es?
Usa estos colores para los cuerpos.

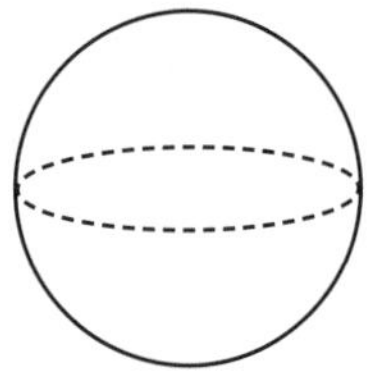
azul

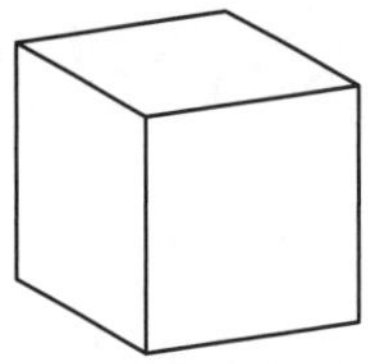
verde

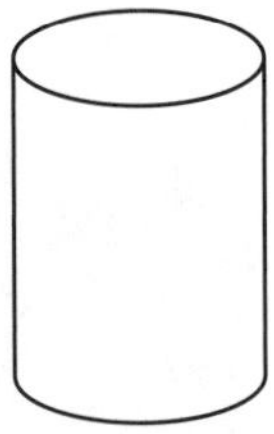
anaranjado

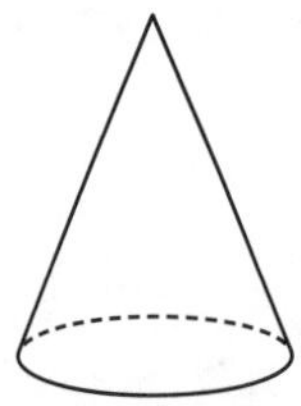
amarillo

5

¿Cuáles puedes rodar? Márcalos con ✗.
¿Cuáles puedes deslizar? Enciérralos en un círculo.

6

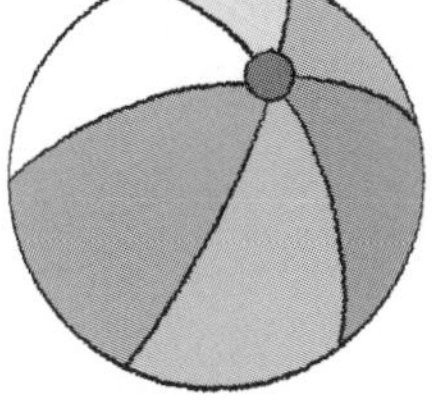

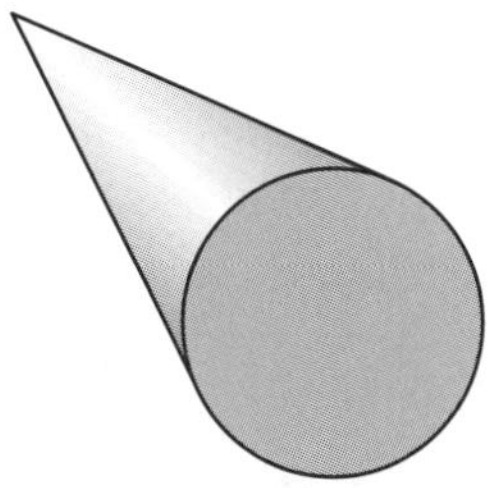

¿Cuáles puedes rodar y apilar sobre otros cuerpos? Enciérralos en un círculo.

7

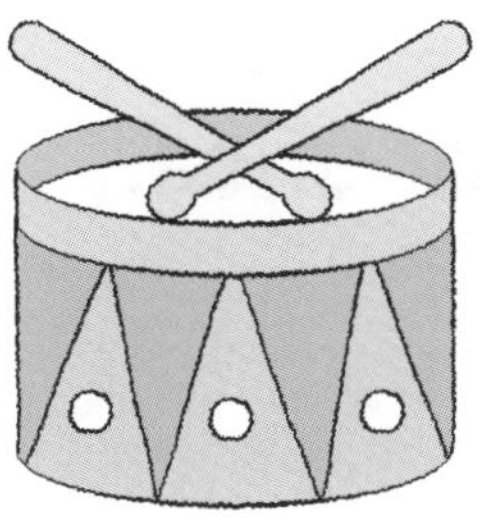

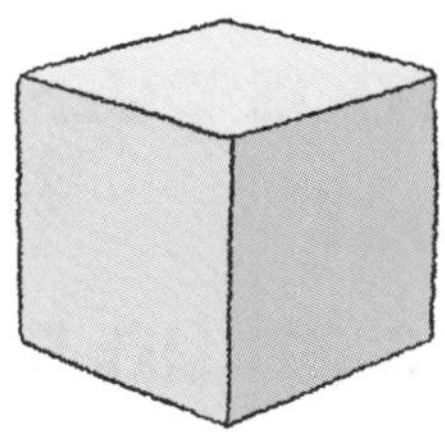

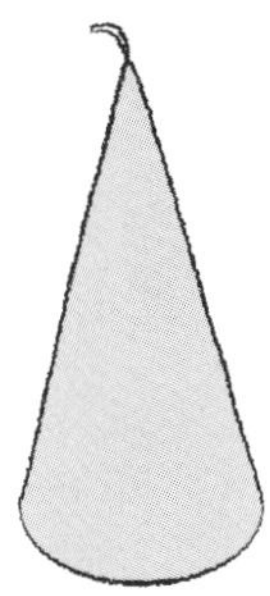

¿Qué cuerpos puedes apilar unos sobre otros? Enciérralos en un círculo.

8

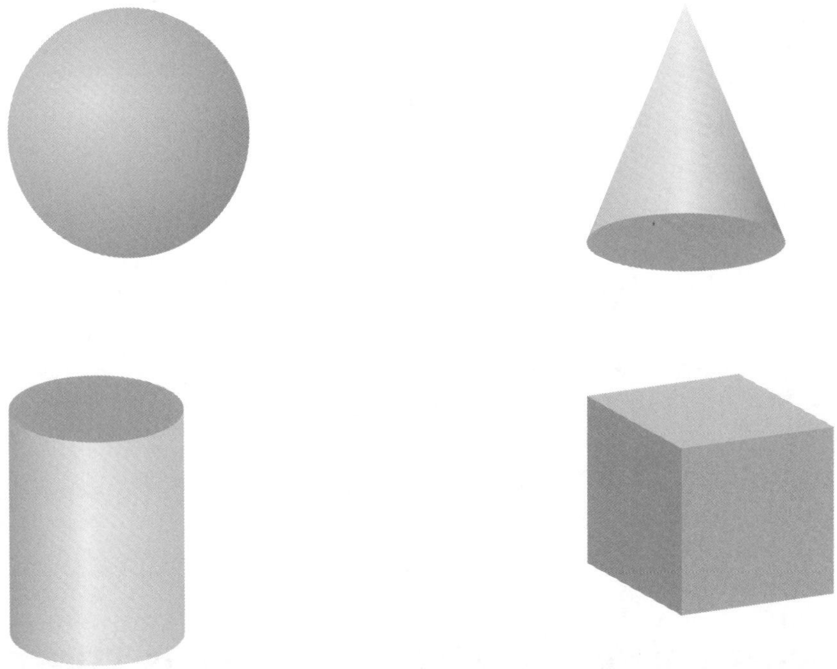

¿Qué cuerpos puedes deslizar y apilar unos sobre otros? Enciérralos en un círculo.

9

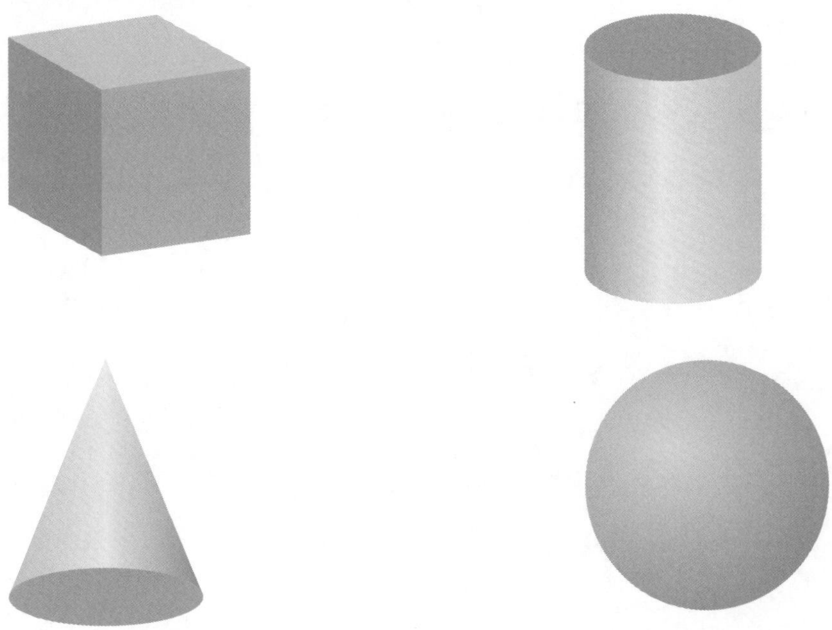

Nombre: ______________________ Fecha: ____________

Capítulo 5

Práctica adicional y tarea
Figuras planas y cuerpos geométricos

Actividad 3 Posiciones

Colorea.

1 a la  **al lado** del 

b el  **detrás** de 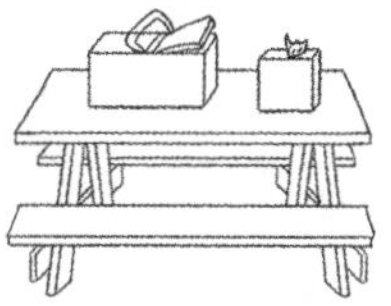

c el  **delante del** 

Encierra en un círculo.

2 ¿Qué está **delante del**  ?

	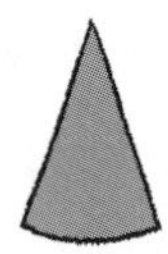
cilindro	cono

¿Qué forma tiene?

3 ¿Qué está **por debajo del**  ?

¿Qué forma tiene? cubo esfera

4 ¿Qué está **junto al**  ?

 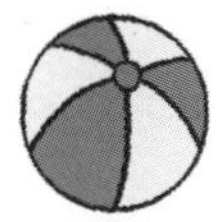

¿Qué forma tiene? rectángulo esfera

5 ¿Qué está **al lado del**  ?

 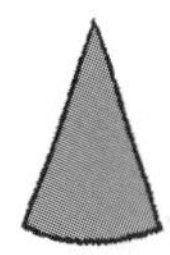

¿Qué forma tiene? cilindro cono

6 ¿Qué está **por debajo del**  ?

 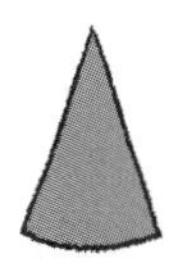

¿Qué forma tiene? cubo cono

Dibuja el objeto.
Colorea la casilla correcta.

7 Dibuja un  **al lado de la** .

¿Qué forma tiene?

cilindro	cono

8 Dibuja un  **arriba del** .

¿Qué forma tiene?

círculo	triángulo

Nombre: ______________________ Fecha: ____________

Capítulo 5

Práctica adicional y tarea
Figuras planas y cuerpos geométricos

Actividad 4 Formar nuevas figuras

Encierra en un círculo las figuras que usaste para formar cada figura.

1

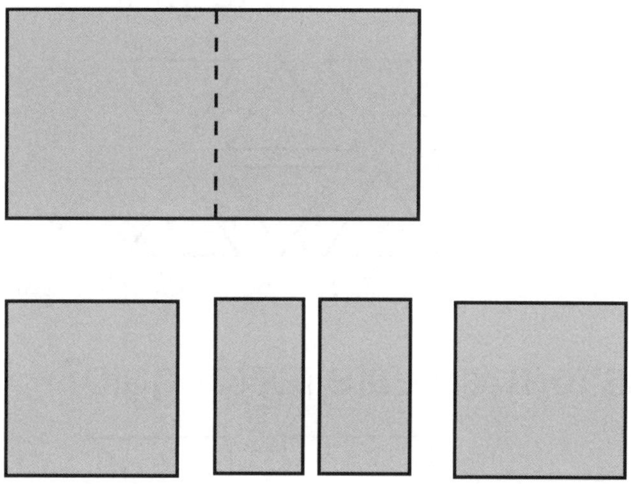

2

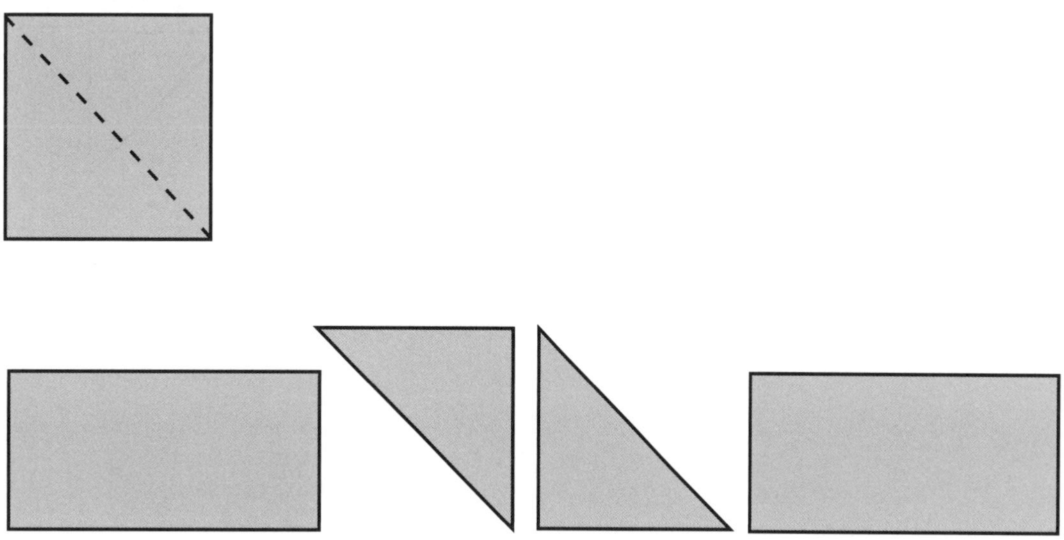

Colorea el número correcto de figuras.

3 ¿Cuáles figuras forman este triángulo?

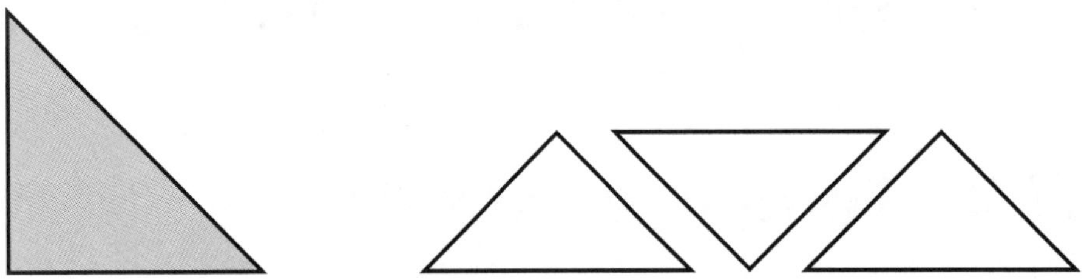

4 ¿Cuáles figuras forman este hexágono?

5 ¿Cuáles figuras forman este rectángulo?

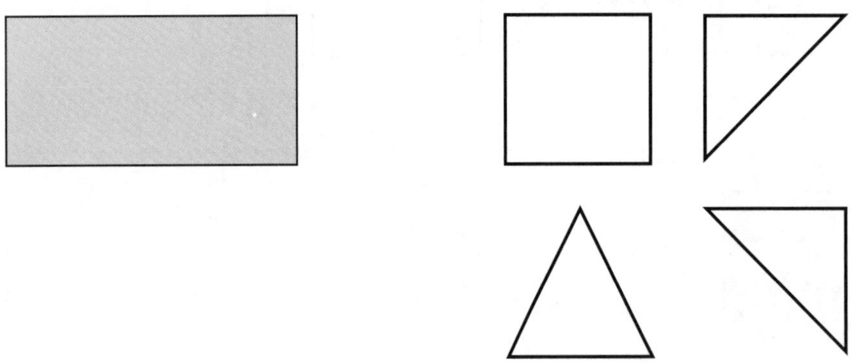

Traza líneas para mostrar cómo hacer las siguientes figuras.

6 2 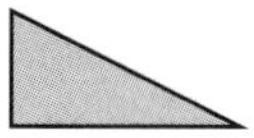

7 2 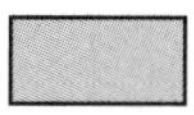

8 4 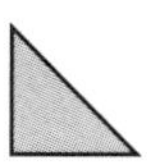

Cuenta.
Completa cada espacio en blanco.

9

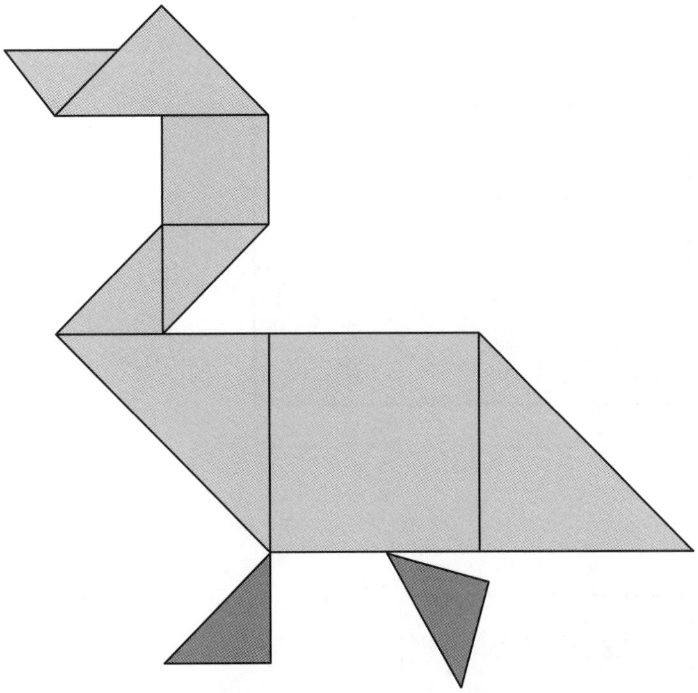

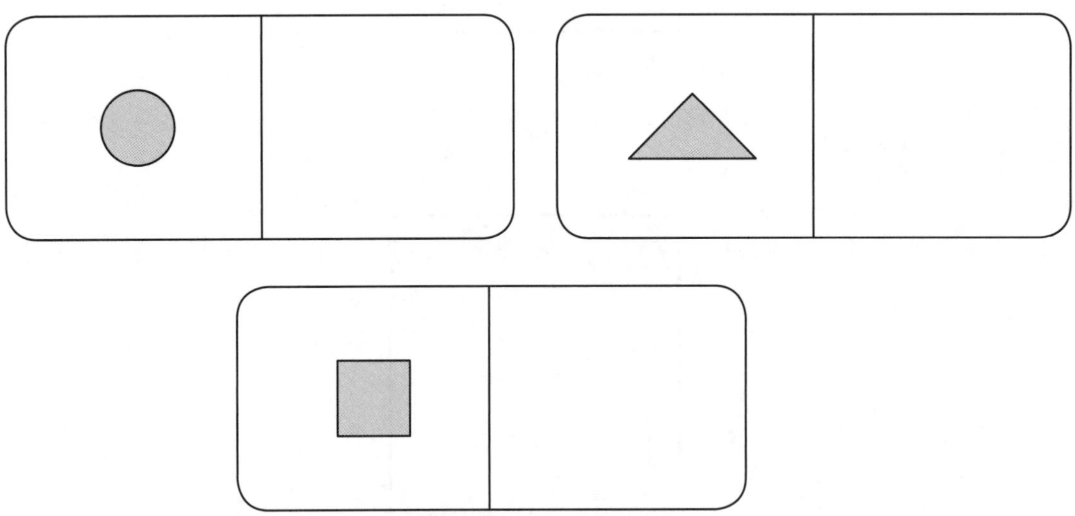

10

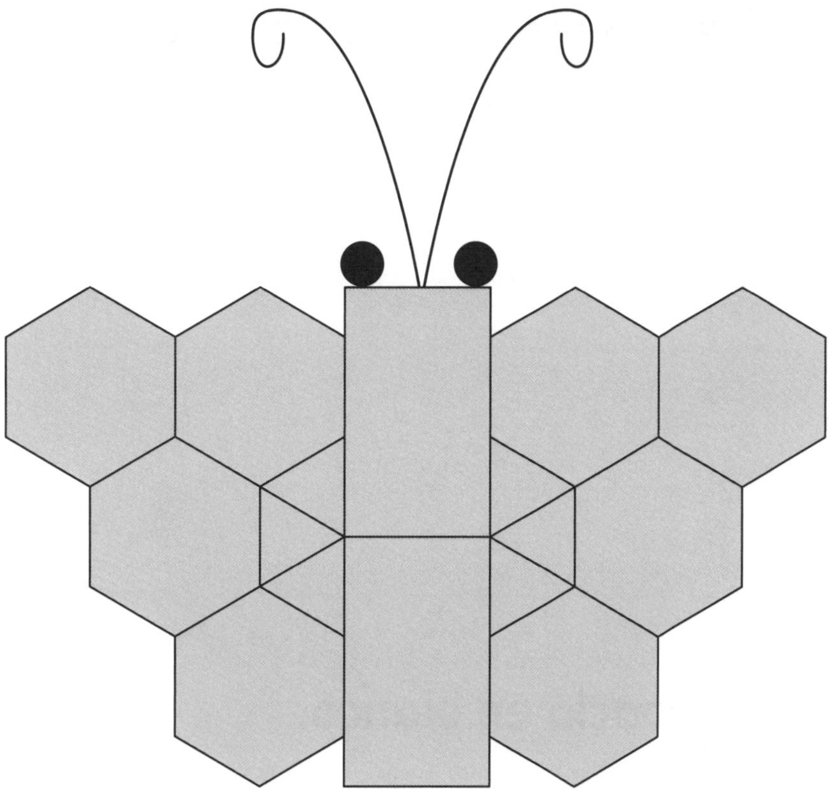

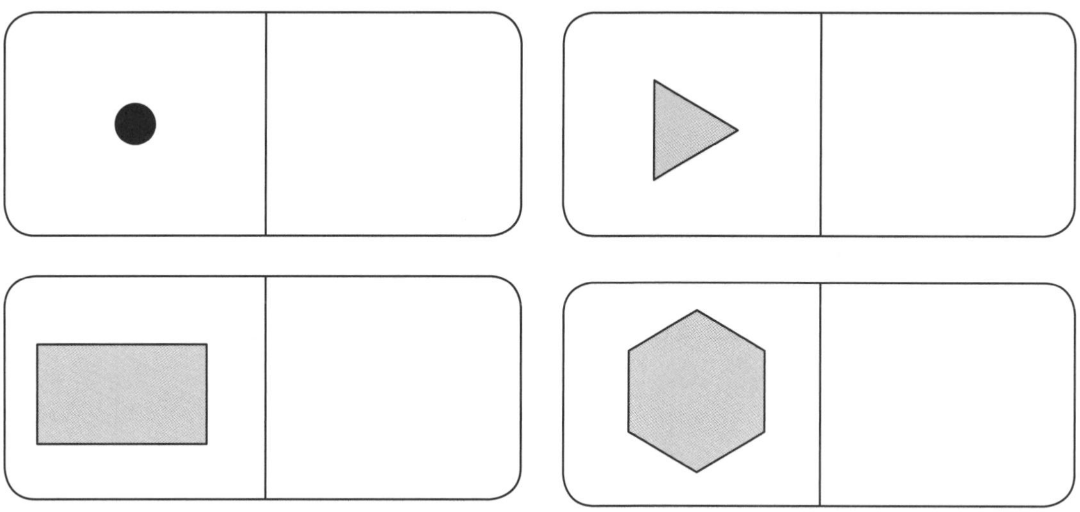

Encierra en un círculo los cuerpos utilizados.

11

12

Cuenta.
Completa cada espacio en blanco.

13

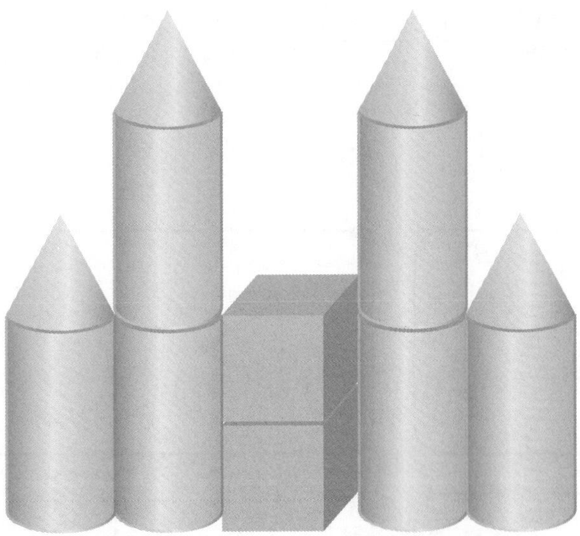

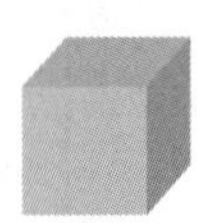	

Nombre: ______________________ Fecha: ______________

Capítulo 5

Práctica adicional y tarea

Figuras planas y cuerpos geométricos

Actividad 5 Comparar figuras planas y cuerpos geométricos

Colorea la casilla correcta.

1

Un cuadrado tiene [2 | 3 | 4] lados.

Un cuadrado tiene [2 | 3 | 4] esquinas.

2

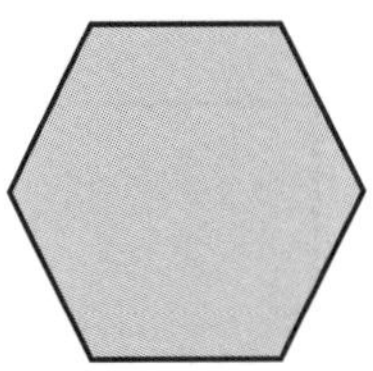

Un hexágono tiene [6 | 7 | 8] lados.

Un hexágono tiene [6 | 7 | 8] esquinas.

3

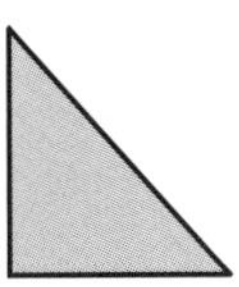

Un triángulo tiene [2 | 3 | 4] lados.

Un triángulo tiene [2 | 3 | 4] esquinas.

Encierra en un círculo las figuras con 3 esquinas.
Colorea de verde las figuras con 4 esquinas.

4

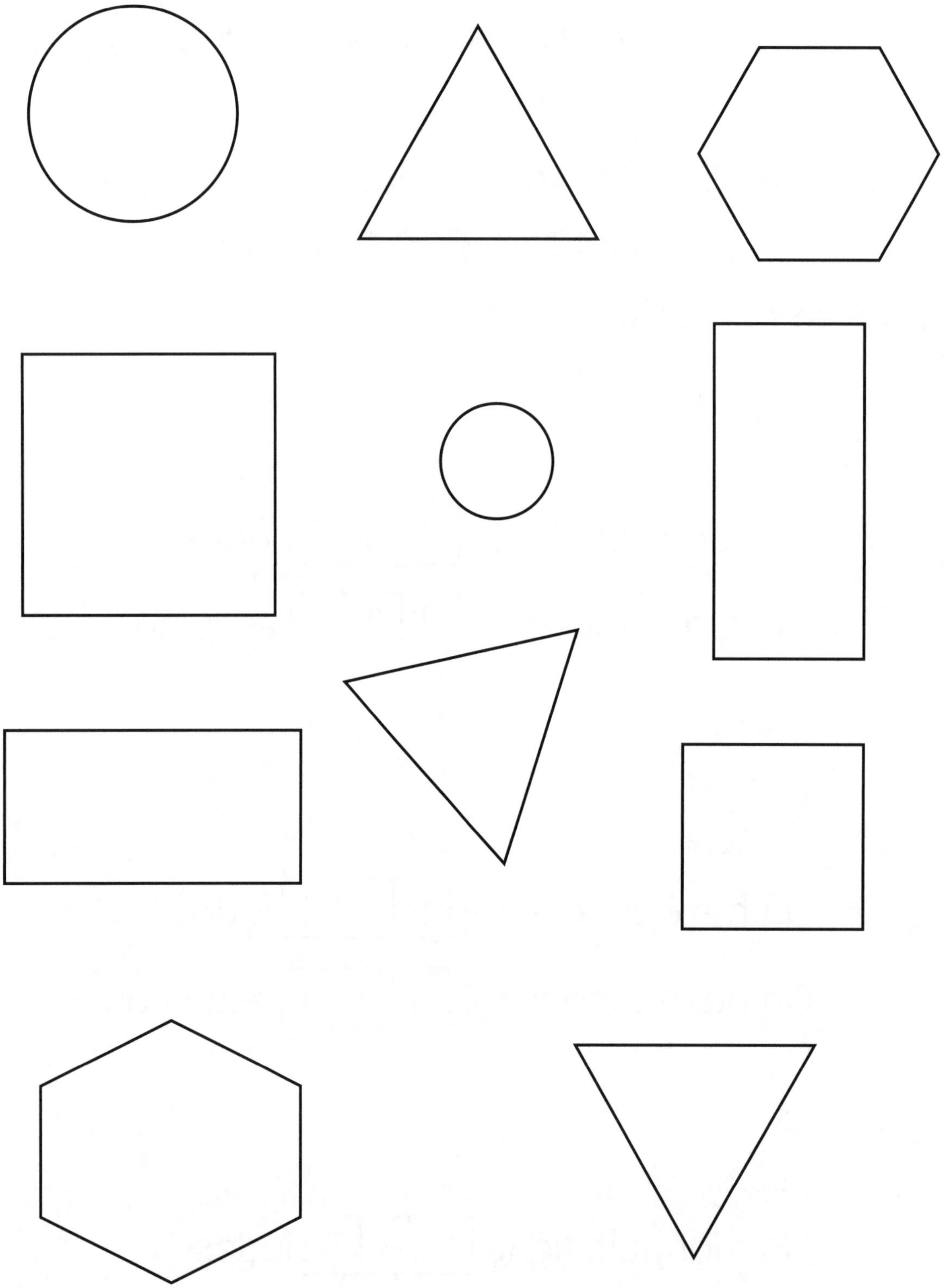

Traza.

5 Una figura con 4 esquinas.

6 Una figura con 3 lados.

¿Qué palabras describen cada forma? Colorea las casillas con esas palabras.

7 

cara plana
superficie curva

8 

cara plana
superficie curva

¿Qué cuerpos tienen caras planas?
Enciérralos en un círculo.
¿Qué cuerpos tienen superficies curvas?
Márcalos con X.

9

Nombre: ______________________ Fecha: __________

Capítulo 5

Práctica adicional y tarea
Figuras planas y cuerpos geométricos

Actividad 6 Patrones de figuras y cuerpos

¿Qué figura sigue?
Coloréala.

1

2

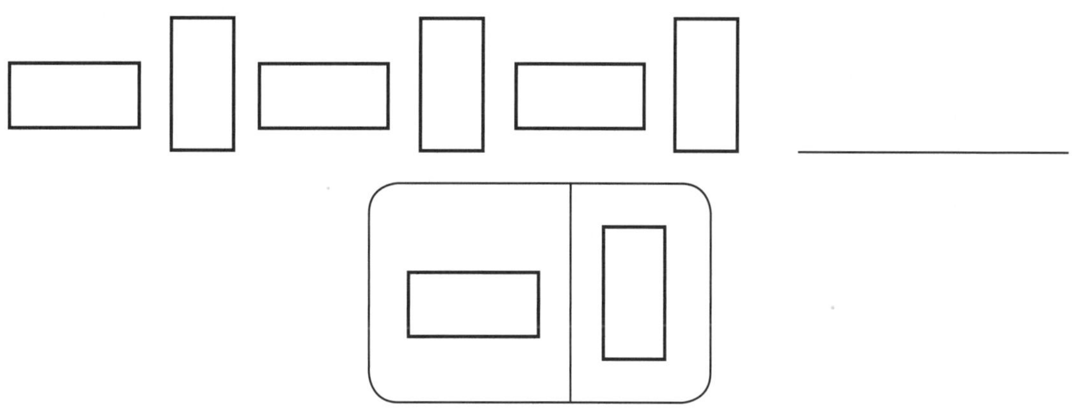

3

¿Cuál es el cuerpo faltante?
Enciérralo en un círculo.

4

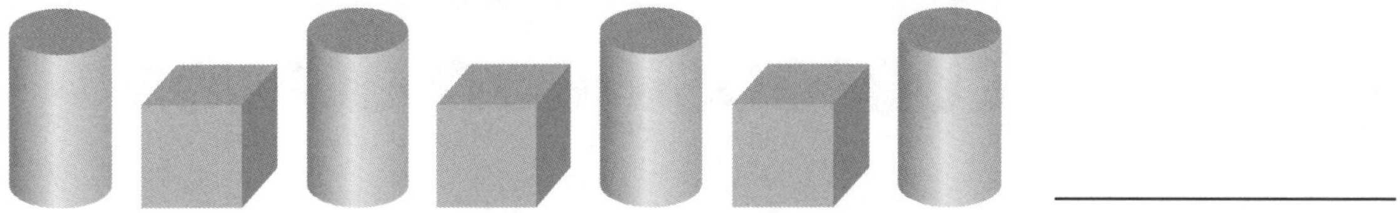

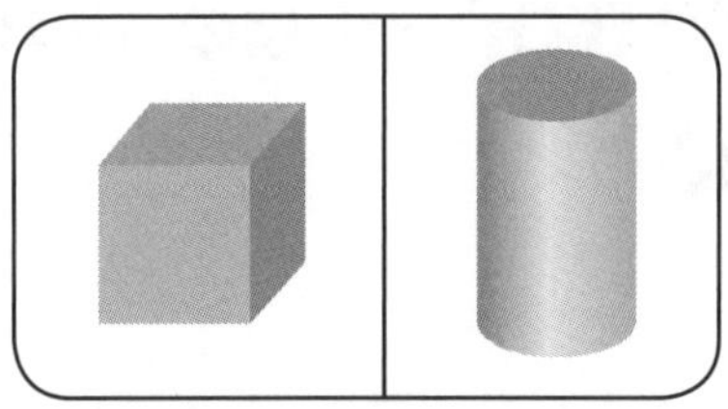

5

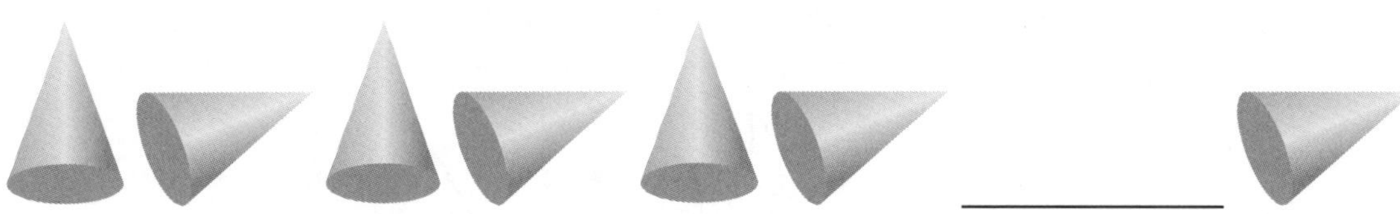

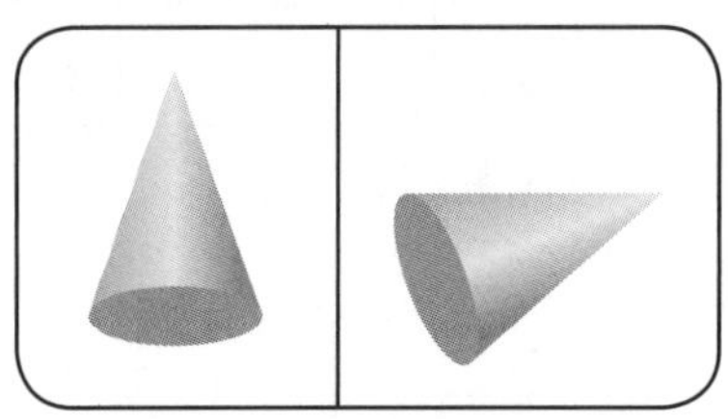

6

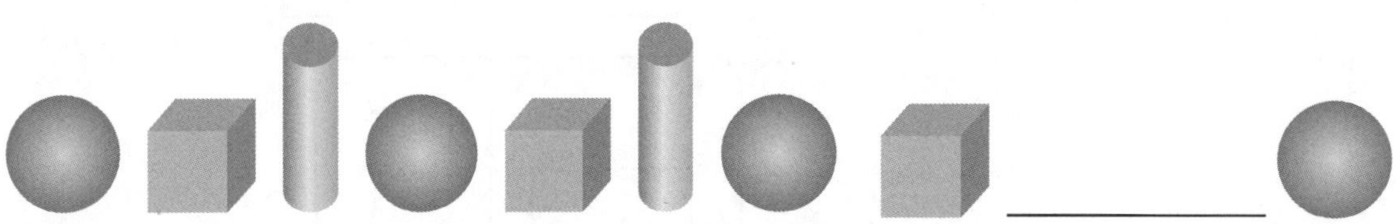

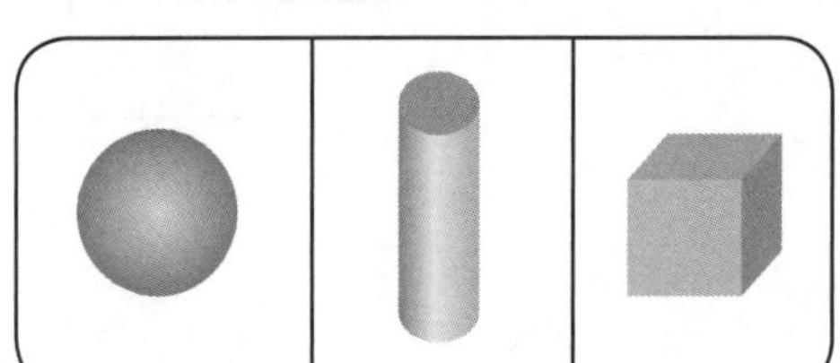

Nombre: ______________________ Fecha: ______________

Hábito para matemáticas 6 Usar lenguaje matemático preciso

a ¿Qué cuerpo geométrico te gusta más?
Enciérralo en un círculo.

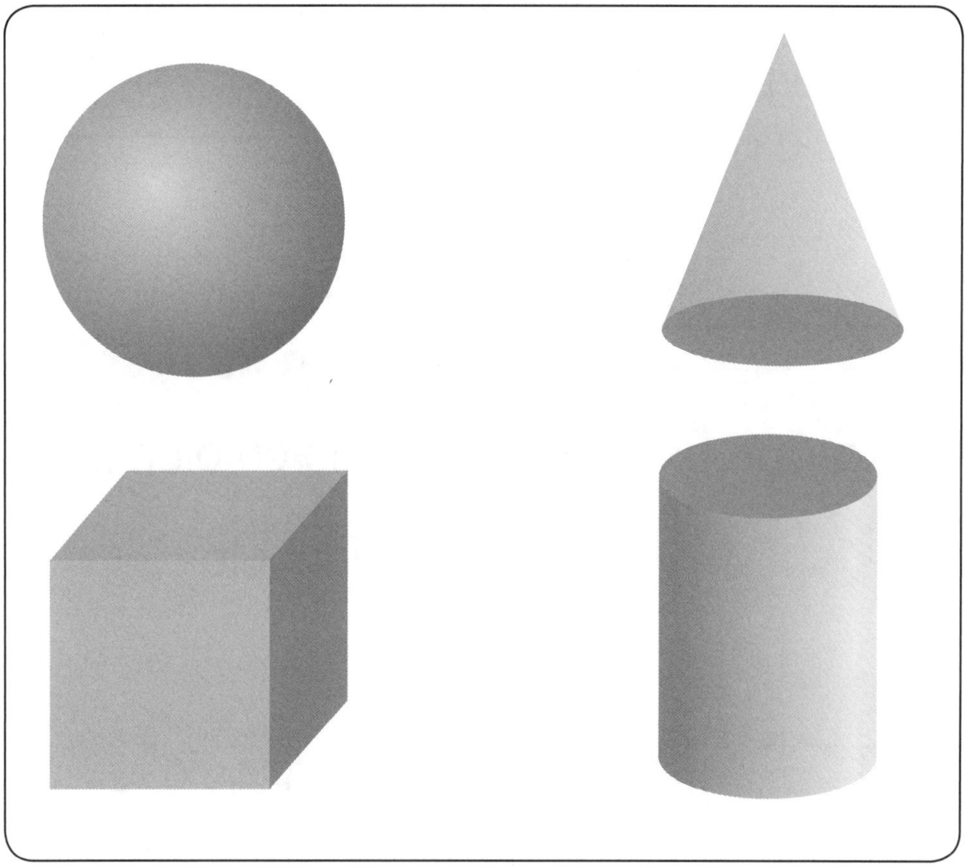

b Encuentra un objeto con esta figura.
Comenta con tu compañero.
Usa las palabras del recuadro.

superficie curva	cara plana
deslizar	rodar
apilar	apilar sobre otros cuerpos geométricos

1 **Hábito para matemáticas 6** **Usar lenguaje matemático preciso**

Me puedes rodar y deslizar.
Tengo una superficie plana.

¿Qué cuerpo soy?
Colorea la casilla correcta.

cilindro
esfera
cono

2 **Hábito para matemáticas 1** **Perseverar en la resolución de problemas**

Cuenta. Completa cada espacio en blanco.

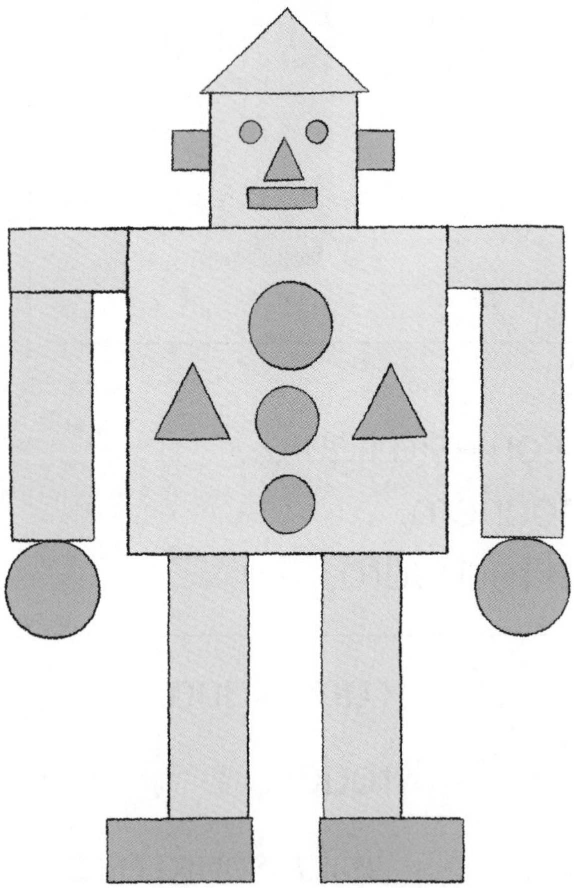

triángulo ________

rectángulo ________

círculo ________

cuadrado ________